シリーズ〈日本語探究法〉小池清治=編集　4

語彙探究法

小池清治 [著]
河原修一

朝倉書店

──── 編集のことば ────

　本書の眼目は，語彙についての言語事実の記述にあるのではありません。15の事例研究を通して，語彙探究の方法を体得してもらうことに眼目があります。そのために，次のような構成をとっています。

1. タイトル：日常の言語生活において疑問に感じる言語事象を，平易な疑問文の形で提示しました。
2. 【　　】：卒業論文作成の参考となるよう，共通点・標識等を提示しました。
3. キーワード：事例研究をする上において，重要な用語をキーワードとして提示しました。
4. 本　　文：レポート，論文の書き方の一例として，事例研究を提示しました。
5. 発展問題：演習やレポートの課題として利用されることを想定して，ヒントとなる類似の事例をいくつか例示しました。
6. 参考文献：課題をこなす上で基本となる文献を列挙しました。これらの文献を参照し，これらを端緒としてさらに拡大し，掘り下げることを期待します。

小池清治

はじめに
―語彙の定義など―

　語彙とは，ある共通点を標識として取り出された単語の集合のことです。
　「標識」としては，国家・時代・地域・作品・性別・個人・文体・運用能力・意味特性・意味属性などが挙げられます。
　語彙の具体例を示しますと，日本語の語彙（国家）・上代の語彙（時代）・沖縄方言の語彙（地域）・源氏物語の語彙（作品）・女性言葉の語彙（性別）・近松語彙（個人）・書き言葉の語彙（文体）・使用語彙（運用能力）・固有名彙（意味特性）・親属語彙（意味属性）などとなります。
　「私は，ボキャ貧（語彙の点で貧しい人間）です。これからは語彙を豊かにしたいと思っています。」という表現の「語彙」は，上記の「使用語彙」のことです。
　語彙の基礎単位は単語です。単語は言語形式（音声・文字）と言語内容（意味）との結合体です。一音節語彙・カタカナ語（彙）などは言語形式を標識としたもので，身体部位語彙・色彩語彙などは言語内容を標識としたものです。
　ところで，名詞という用語は，本来ある特定の文法的振る舞いをする単語の集合を意味しますが，「動キガアルの動キは名詞で，動クとは文法的に異なります。」の例のように，個々の単語を意味する場合があります。語彙についても同様のことが言えます。基本的には単語の集合を意味するのですが，場合により個々の単語を意味することもあります。
　「兵隊」は本来「兵（士）」の集合体なのですが，個々の「兵（士）」を意味することがあります。英語では集合の場合は「soldiers」という複数形で，個々の「兵（士）」の場合は「a soldier」のように単数形で表し，それぞれ固有の文法的振る舞いをし，画然と区別されますが，日本語にはこのような区別がありません。単語の集合を意味する場合と個々の単語を意味する場合とがあるのは，日本語のこのような性質に由来します。
　さて，音韻や文法は言語内部に存在する体系的言語事実で，個々の人間によっ

て左右されることがありません。したがって，日本語の音韻や文法を記述する，音韻論や文法論は体系的に記述することが可能です。これに対して，語彙は個々の研究者の，その場その時の関心や必要に基づき，共通点・標識が恣意的に設定されますから，語彙論には体系が存在しません。このようなわけで，語彙論を体系的に展開することは至難の業ということになりますが，本書では総論（1〜3章），体の語彙（4〜7章），用の語彙（8章），相の語彙（9章），感性語彙（10章），総合語彙（11章），その他（12〜15章）という構成をとっています。

　誤解されがちなので注意してほしいことがあります。前の段落でいっていることは，語彙に体系性がないといっていることではないということです。例えば，親族語彙や色彩語彙など，個々の語彙には固有の体系があります。したがって，語彙そのものには体系があります。これらの語彙について，語彙論として総体的に述べようとすると体系が見出せないということを指摘しているのです。

　なお，第7，10，11の3章は河原修一が担当し，その他の章は小池が担当しました。

　　2005年2月

　　　　　　　　　　　　　　　　　　　　　　　　　　　　　小池清治
　　　　　　　　　　　　　　　　　　　　　　　　　　　　　河原修一

目　　次

第1章　「綺麗(きれい)」と「美しい」はどう違うか？ …………………………… 1
　　　　［単語論］

第2章　「男」の否定形は「女」か？ ……………………………………… 8
　　　　［意味と語構造］

第3章　「副食物」はフクショクブツか，フクショクモツか？ …………… 17
　　　　［語構成・語構造・語分節］

第4章　『吾輩は猫である』の猫はなぜ名無しの猫なのか？ ……………… 27
　　　　［意味特性・固有名彙］

第5章　「薫(かおる)」は男か？　女か？ ……………………………………… 41
　　　　［意味属性・人称代名彙］

第6章　「こなた・そなた・あなた」はなぜ同じ，対称なのか？ ………… 55
　　　　［意味属性・指示彙］

第7章　なぜ笹の雪が燃え落ちるのか？ …………………………………… 68
　　　　［体の語彙・自然語彙］

第8章　「連れて出る」は複合語か？ ……………………………………… 80
　　　　［用の語彙・複合動詞］

第9章 「憂（う）し」という形容詞はなぜ消滅したのか？ ……………………… 87
　　　［相の語彙・語彙史］

第10章 なぜ雲がぎらぎら光るのか？ ……………………………………… 98
　　　［感性語彙・オノマトペ］

第11章 「もしもし」の由来は「申す」か？ ……………………………… 114
　　　［総合語彙・呼び掛け語彙］

第12章 清少納言の物言いは幼いか？ …………………………………… 128
　　　［数量語彙・語彙史］

第13章 村上春樹の語彙は貧しいか？ …………………………………… 146
　　　［相の語彙・比喩表現・予告副詞］

第14章 「夜の九時を過ぎたら足がなくなる」？ ………………………… 156
　　　［慣用表現・慣用句］

第15章 「手（て）タレ」「脚（あし）タレ」とは何のことか？ ……………………… 166
　　　［省略語・短縮語］

索　引 …………………………………………………………………… 174

第1章 「綺麗(きれい)」と「美しい(うつく)」はどう違うのか？

【単語論】

キーワード：語，単語，音節，アクセント，言語形式，言語内容，指示機能，標識機能，lexicon-item，指示的意味，文体的意味，感情的意味，文法の意味，体の語彙，用の語彙，相の語彙，総合語彙，関係語彙，感性語彙

1.「語」と「単語」の定義

英語の「word」は「語」とも「単語」とも訳される。日常言語としては，「語」と「単語」は同義語といってよい。しかし，筆者は「語形が異なれば必ず語義も異なる」という立場をとっているので，「語」と「単語」には相違があるはずだと考える。本書では「語」は文法論の単位，「単語」は語彙論の単位と規定する。

まず，「語」について述べる。

Ⅰ 語は「音節＋アクセント」によって構成される言語形式とそれによって指示または標識される言語内容とが結合したものである。

言語形式			指示機能	言語内容
音節 ＋ アクセント ＝ 語				
ハ ＋ 低 （平板式） ＝ 葉			←→	「葉」の類概念
ハ ＋ 高 （頭高式） ＝ 歯			←→	「歯」の類概念
アメ ＋ 低高 （平板式） ＝ 飴			←→	「飴」の類概念
アメ ＋ 高低 （頭高式） ＝ 雨			←→	「雨」の類概念
ハシ ＋ 低高 （平板式） ＝ 端			←→	「端」の類概念
ハシ ＋ 低高 （尾高式） ＝ 橋			←→	「橋」の類概念
ハシ ＋ 高低 （頭高式） ＝ 箸			←→	「箸」の類概念

＊いわゆる「固有名詞」の場合は，指示機能ではなく，標識機能となる。

Ⅱ 語は「語+イントネーション」で文を構成する「詞」と，原則として，イントネーションを付加しても文を構成することができない「辞」とに二分される。

語／辞	+	イントネーション	=	文
葉	+	？（上昇）	=	「葉ですか？」と問うている意を表す文
歯	+	！（下降）	=	「歯ですよ！」と断言している意を表す文
雨	+	。（下降）	=	「雨が降っている。」という認識を表す文
飴	+	？（上昇）	=	「飴なのか。」と確認している意を表す文
雨	+	！（下降）	=	「雨なのだ。」と断言している意を表す文
雨	+	……（下降）	=	「雨なのか。」と困惑している意を表す文
ね	+	？（上昇）	=	「わかったね。」と確認している意を表す文

＊「ね」など，いわゆる「終助詞」はイントネーションが付加されると，単独で文を構成することができる。格助詞・係助詞・副助詞・接続助詞等はできない。

Ⅲ 詞は単独または，辞をともなって，文節や文の成分となり，文の構成要素を構成する。

以上のⅠ，Ⅱ，Ⅲが「語」の定義に関する3か条であるが，「単語」の定義についてはⅠだけで十分である。「単語」は文法論の単位ではないので，Ⅱ，Ⅲは直接的には関係ないからである。

先に，「単語」は英語の「word」の訳語と述べたが，語彙論の基礎単位としての「単語」を意味する専門用語としては，「lexicon-item」という用語がある。以下，本書で用いる「単語」は「lexicon-item」の意である。

2.「単語」が有する三つの言語内容（意味）

一つの単語には3種類の言語内容（意味）が必ず具備されている。第一の言語内容（意味）は指示的意味と称されるものである。

 a 皿の中に林檎がある。
 b 皿の中に蜜柑がある。
 c 皿の中に葡萄がある。

a，b，cの三つの文の意味の相違は，「林檎，蜜柑，葡萄」の指示的意味の相違が生み出したものである。

指示的意味は言語の外部に存在する事物や抽象概念等の類概念のことである。

第二の言語内容（意味）は文体的意味と称されるものである。

	例文		文体的特徴	文体的意味
d	日(ひ)	が出た	和語による表現	書記言語・口頭言語，易しさ
e	太陽(たいよう)	が出た	漢語による表現	書記言語・口頭言語，中立
f	お日様(ひさま)	が出た	幼児語による表現	口頭言語，幼さ，幼児語
g	お天道(てんと)さん	が出た	古い幼児語による表現	口頭言語，幼さ，老人語
h	日輪(にちりん)	が出た	雅語による表現	書記言語，文学らしさ，気取り
i	火輪(かりん)	が出た	古い雅語による表現	書記言語，古めかしさ，気取り
j	オヒサーガアガイヤ		鹿児島方言による表現	口頭言語，親しさ，素朴さ

d～jの文が表す指示的意味は同じであるが，文体的意味が異なる。文体的意味とは，いわゆる表現の綾(あや)，レトリックに関するもので，話し手や書き手の自意識や聞き手，場面，事物等についての認識の在り方などを表すものである。指示的意味が中身であるとすれば，文体的意味は装いである。なお，感情的意味，心理的意味という場合もある。

第三の意味は文法的意味である。

k　ハンドルには遊びが必要です。

l　よく遊び，よく学べ。

kの「遊び」は格助詞「が」の上にあるので，名詞である。一方，lの「遊び」は動詞「遊ぶ」の連用形で中止法の働きをしているので動詞である。二つの「遊ぶ」は言語形式は同じなのだが，文法的意味が異なる。また，kの「遊び」の指示的意味は「ゆとり」の意で，lの「遊び」の指示的意味は「楽しいことをして心を慰める」の意である。よって，指示的意味も異なる。

3. 類義語の識別―「綺麗(きれい)」と「美(うつく)しい」はどう違うのか？―

一つの単語には，指示的意味・文体的意味・文法的意味の3種類の意味が必ず具備されている。したがって，類義語の相違について述べる場合，3種類のそれぞれにおいて，どのように異なるかを記述する必要がある。

	美しい／綺麗な	人	声	友情	?	?	?
m	美しい	人	声	友情	?	?	?
n	綺麗な	人	声	?	水道水	空気	シーツ
		快	快	感心	純粋	清浄	清潔

まず，指示的意味においては，次のような相違がある。

    美しい＝形・色・声・言葉などが快感を与え好ましいの意を表す。外面的印象だけでなく，人柄など内面的印象についてもいう。また，行動や心掛けが立派で，快感とともに感動を与え好ましいの意を表す。

    綺麗　＝形・色・声・言葉などが整っていて好ましい。外面的印象についていうことが多い。また，清潔・爽快・整然・純粋等の好印象についてもいう。

「綺麗事」という熟語がある。内実はともあれ，表面だけは取り繕ってあることの意である。「綺麗」には外見の美という要素が強い。「綺麗な人」は内面はともかく外見は美人だの意となり，「美しい人」は外見のみならず，内面も素晴らしい美人ということを含意する。

「綺麗好き」は，少しの汚れや乱れを嫌う人を意味する熟語である。綺麗は清潔や整理整頓についての美意識も表す。

また，「綺麗さっぱり(忘れた)」という連語もある。「綺麗」には爽快感を表す要素もある。

「金に綺麗な人」という慣用表現の「綺麗」は，倫理的に汚れていないの意である。

次に文法的意味の相違について述べる。

「美しい」は「美しかろ(う)／美しかっ(た)・美しく(咲く)／美しい／美しい(花)／美しけれ(ば)」と活用する形容詞であり，「綺麗」は「綺麗だろ(う)／綺麗だっ(た)・綺麗に(咲く)／綺麗だ／綺麗な(花)／綺麗なら(ば)」と活用する形容動詞である。

「美しい」は和語，「綺麗」は漢語であり，文体的意味が異なる。

和語と漢語が対立する場合，和語が話し言葉，漢語が書き言葉という棲み分けを行うのが普通なのであるが，この場合は逆になっており，「綺麗」が話し言葉で，「美しい」が書き言葉という関係になっている。日本語には，指示的

意味がほとんど変わらない場合，語形の短いものが多用されるという傾向がある。この2語の関係は，こういう傾向が現れたものと判断される。

4. 語彙論の対象となる単語のグループ

語彙論の対象となる単語は「詞」(いわゆる名詞・動詞・形容詞・形容動詞・副詞・連体詞・接続詞・感動詞) である。「辞」(いわゆる助詞・助動詞) は文法的意味を専門機能とするので，中心的対象とはならない。

「詞」の単語を語彙論的観点より分類すると，次の6種類となる。

体の語彙＝事態における客体的なものを命名・指定する機能を有する語彙（名詞）
用の語彙＝事態を叙述する機能を有する語彙（動詞・形容詞・形容動詞）
相の語彙＝体・用の語彙について限定修飾する機能を有する語彙（副詞・連体詞）
総合語彙＝喜怒哀楽の感情などを文相当で総合的に表す機能を有する語彙（感動詞）
関係語彙＝文・文章を構成する際に，節や文の関係を表す機能を有する語彙（接続詞）
感性語彙＝主客が合一した形で表現される擬音語・擬声語・擬態語・擬情語などと称される語彙グループ。指示的意味が抽出しにくく，感性に支えられた語彙。文法的には副詞として機能する。

■ 発展問題

(1) 次の表現は単語か単語以外のものか？

a	檜(ひのき)	f	茸(きのこ)	k	みっともない
b	榎(えのき)	g	筍(たけのこ)	l	きたない
c	楠(くすのき)	h	数の子(かずのこ)	m	金がない。(かね)
d	杉の木(すぎ)	i	女の子(おんなのこ)	n	気が利かない。(き)
e	桜の木(さくら)	j	鍵っ子(かぎっこ)	o	やるせない

(2) 次の単語の意味の相違はどのような意味の相違によるか？
　a　紙／髪／神　　　　　　　　g　ジャガイモ／馬鈴薯
　b　上がる／揚がる／挙がる　　h　シクラメン／豚の饅頭
　c　買う／飼う　　　　　　　　i　アイロン／アイアン
　d　上がる／登る　　　　　　　j　水漏れ／漏水
　e　あたま／かしら／こうべ　　k　温かい／温かな
　f　かかと／きびす　　　　　　l　温かい／温かい

(3) 次の組をなす語彙について，指示的意味・文体的意味・文法的意味の相違について述べなさい。
　a　暖かい／暖かな
　b　大きい／大きな
　c　小さい／小さな
　d　四角い／四角な

(4)「単語」の定義に関する諸説を調べ，あなたの考えを述べなさい。

■ 参考文献

1) 亀井　孝・河野六郎・千野栄一編著『言語学大辞典6』(三省堂，1996)
2) 宮島達夫「語」(国語学会編『国語学大辞典』東京堂出版，1980)
3) 樺島忠夫「語彙」(同上)
4) 高橋太郎「単語」(同上)
5) 林　巨樹「語」(佐藤喜代治編『国語学研究事典』明治書院，1977)
6) 前田富祺「語彙」(同上)
7) 赤羽根義章「語彙」(小池清治・小林賢次・細川英雄・犬飼　隆編『日本語学キーワード事典』朝倉書店，1997)
8) 柴田　武「語の意味と概念と外界」(金田一春彦・林　大・柴田　武編『日本語百科大事典』大修館書店，1988)
9) 森田良行『基礎日本語辞典』(角川書店，1989)
10) 宮島達夫「語彙の体系」(『岩波講座　日本語9　語彙と意味』岩波書店，1977)
11) 前田富祺「語彙」(佐藤喜代治編『講座日本語の語彙1　語彙原論』明治書院，1982)
12) 前田富祺「語彙総論」(玉村文郎編『講座日本語と日本語教育6　日本語の語彙・意味』明治書院，1989)
13) 池上嘉彦『意味論』(大修館書店，1975)
14) 阪倉篤義・林　大・國廣哲彌・鈴木孝夫『シンポジウム日本語3　日本語の意味・語彙』

(学生社, 1975)
15) 北原保雄・徳川宗賢・野村雅昭・前田富祺・山口佳紀『国語学研究法』(武蔵野書院, 1978)
16) 村木新次郎「単語の性質Ⅰ, Ⅱ」(『ケーススタディ 日本語の語彙』おうふう, 1989)
17) 田島毓堂「比較語彙論」(『語彙研究の課題』和泉書院, 2004)

第2章 「男」の否定形は「女」か？

【意味と語構造】

キーワード：アントニム，シノニム，対義語，対語（ついご），曖昧性，反意性，反対語，対極語，両極語，対比語，類似語（類義語），近接語，対句，撞着語法（対義結合，オクシモロン）

1.「罪」のアントニム（対義語）は何か？

太宰 治（だざい おさむ）は『人間失格』において，主人公「葉蔵（ようぞう）」に「対義語（アントニム）の当てつこ」という「遊戯」をやらせている。その一節を次に引用する。

> しかし，牢屋にいれられる事だけが罪ぢやないんだ。罪のアントがわかれば，罪の実体もつかめるやうな気がするんだけど，……神，……救ひ，……愛，……光，……しかし，神にはサタンといふアントがあるし，救ひのアントは苦悩だらうし，愛には憎しみ，光には闇といふアントがあり，善には悪，罪と祈り，罪と悔い，罪と告白，罪と，……嗚呼（ああ），みんなシノニムだ，罪の対語（ついご）は何だ。（第三の手記・二）

対義語とは，一般に，対立する関係にある語のことをいうが，この「対立」を概念的対立，いわゆる意味（指示的意味）の対立とすると，「葉蔵」が陥ったような迷宮に迷い込むことになり，果ては，アントニムとシノニムが一致してしまうという，矛盾に満ちた，堂々巡りの苦悩を味わうことになる。

本来，自然科学系の専門術語を除いて，人間が使用する言語には曖昧性がつきものなのであり，アントニム（対義語）の意味する反意性，対義性も曖昧で，時に矛盾する。

この矛盾は，実は文学の世界にのみとどまるものではない。意味というやっかいなものを扱うと言語学者，国語学者も理性の目が曇りがちになるようだ。

2.「男」の否定の形は「女」か？——「男女」「女男」「ふたなり」「半陰陽」の存在——

たとえば，英語学者池上嘉彦氏は主著『意味論』において，次のように述べている。

25.3 反意性（Antonymy）

ふつう反意性と呼ばれているものは，実はかなり雑多な種類のものが一つにまとめられて成り立っている。同じように「意味が反対（opposite）」であるという時，少なくとも次の三つの場合を区別することができる：

(1) ＜男＞－＜女＞，＜親＞－＜子＞，＜表＞－＜裏＞
(2) ＜大＞－＜小＞，＜高＞－＜低＞，＜善＞－＜悪＞
(3) a) ＜行く＞－＜来る＞，＜売る＞－＜買う＞，＜教える＞－＜習う＞，など。
　　b) ＜着る＞－＜脱ぐ＞，＜結ぶ＞－＜ほどく＞，など。

(1)で問題になっているのは二つの項から成る次元で，そこでは一方でなければ，他方であることが自動的に決まるという形で二つの項の間に相補的な関係が成り立っている場合である。たとえば，人間の性別に関しては＜男＞でなければ＜女＞であるし，またその逆も成り立つ。

　　　　（『意味論』「第6章　語彙における意味構造」大修館，1975）

また，国語学者田中章夫氏も「対義語の性格」という論文で次のように述べている。

　ところで，反対語の中には，「オトコ／オンナ」「オモテ／ウラ」「シヌ／イキル」「ウク／シズム」のように，一方を否定すると，すぐ他方の意味になってしまうものがある。「生」の否定は「死」，「死」の否定は「生」といった関係である。「やや遠い」「かなり近い」とか，「すこし前」「ずっと後」といった段階的な過程がなく，マイナス無限大から，一挙にプラス無限大に飛び移ってしまうような対立である。このように，意味ベクトルの両端に相対立している反対語を，特に，対極語（両極語）と呼ぶことがある。いうなれば，もっとも反対語らしい反対語である。

対極語では，また，一方の語の意味は，必ず，他方の語の否定の形で説明しうる。「オトコ＝女でない人」「オンナ＝男でない人」という関係であり，これは，まさに，人を，全体集合とした場合，部分集合と，その補集合ということになる。

（「日本語学」Vol.6, No.6, 1987）

両氏とも，「男」でなければ「女」であると述べているのであるが，これは，極めて初歩的事実誤認である。人間には，「性ホルモンの不足などで男性または女性の特徴が顕著でない状態」（『広辞苑』＜中性＞の項目）の人達がいる。これらの人達を表す単語としては，和語に「男女（おとこおんな）」とか，「女男（おんなおとこ）」とか，「ふたなり（二形，双成，二成）」とか，「はにわり」とかの単語があり，漢語には，「半陰陽」という単語がある。「男」の否定形が「女」でないことは明白なのである。

現在定説として通っている上記の説は，ややもすれば，人権無視，人権侵害の説として，訴えられかねない危険な説ということになる。この危険な説は，実は，池上，田中の両氏に限ったことではない。対義語の構造というものに言及している多くの研究者に通じるものなのである。なぜ，このようなことが生じてしまうのだろうか。

アントニム，対義語を意味（指示的意味）の観点，言い換えると，言語があらわす概念の側からのみ解き明かすとすれば，重大な事実誤認はあるものの，概ねその所説は認められるのであるが，それだけでは，思わぬ落とし穴に陥ることになる。

対義語への正しい迫り方は，言語の側から言語の振る舞いの側から迫ることなのである。

因みに，池上氏が相補的関係として例示した＜親＞－＜子＞についても，一言言及しておく。

「親でもなければ，子でもない」という慣用的表現がある。「親でもなければ」は，まぎれもなく「親」を否定したものなのである。とすると，池上説によれば，「自動的に」「子」となるはずである。しかるに，実際の慣用的表現では「子でもない」と続いている。このことを池上氏はどう説明するのであろうか。

おそらく説明は不可能であろう。

「親でもなければ，子でもない」の意味は，「かく言う私はお前の親ではない。聞いているお前も私の子ではないのだ。すなわち，私たちは赤の他人なのである。」という意味である。簡単に要約すれば，＜親＞を否定したものは＜他人＞であり，＜子＞を否定したものも＜他人＞なのである。池上説のようにはならない。

池上氏，田中氏が例示したものは他にもあるが，すべて概念，意味（指示的意味）の観点からのみ把握しようとすると，言語の実体を説明できないことになる。いちいち証明すべきなのであるが，紙幅の関係で他は省略する。

3. 対義語から対比語，対語へ──「男」「女」の単語・形態素としての振る舞い──

「男」と「女」を例にして，これらの言語的振る舞いを観察してみよう。

(1) 熟語

男主(あるじ) 男帯 男親 男君 男心 男坂 男衆 男所帯 男っ気 男手 男腹
女主(あるじ) 女帯 女親 女君 女心 女坂 女衆 女所帯 女っ気 女手 女腹

男遊び 男嫌い 男くさい 男狂い 男っぷり 男っぽい 男らしい
女遊び 女嫌い 女くさい 女狂い 女っぷり 女っぽい 女らしい

あだし男 雨男 色男 大男 小男 年男 醜男(ぶおとこ) 痩せ男 雪男
あだし女 雨女 色女 大女 小女 年女 醜女(ぶおんな) 痩せ女 雪女

(2) 慣用句

男になる 男をあげる 男をこしらえる 男を知る 男を作る
女になる 女をあげる 女をこしらえる 女を知る 女を作る

(3) 諺

男は度胸，　　　　　　　女は愛嬌。
男の目には糸を引け，　　女の目には鈴を張れ。
男は内を言わず，　　　　女は外を言わず。
男は礼に余れ，　　　　　女は華飾に余れ。

熟語，慣用句，諺において，「男」と「女」は対(つい)をなすものとして使用され

ている。ここには,「男女(おとこおんな)／女男(おんなおとこ)／ふたなり／はにわり」などが入り込む余地がない。「男」と「女」は日本語の語彙体系の中で,基本的にセット,対(つい)として振る舞っているのである。

このような観察,すなわち言語的振る舞いの観察に基づいていえば,「男」と「女」の関係は対義関係というより,対比関係と呼ぶ方がより適切となる。

4. 対語(ついご)の下位分類

前章で言及した「語構造」に関する分析は文法的観点よりの分析であったが,そのうち,並立関係にあるものを,意味的観点よりとらえ直したものを対語という。対語を分類すると,次のようになる。

対比語　a) 愛憎／陰陽／男女／天地／表裏／親子／白黒／生き死に／浮き沈み／売り買い／勝ち負け／やり取り／行き来
　　　　b) 遠近／寒暖／軽重／広狭／高低／深浅／大小／多寡(たか)／多少／長短／明暗
　　　　c) 好悪／合否／是非／善悪／諾否／よしあし／よしわるし

類似語　温暖／寒冷／形態／虎狼／日月／状態／邸宅／皮膚／舞踊／携帯（する）／洗濯（する）／旅行（する）

近接語　飲食／花鳥／歌舞／書画／洗濯／草木／筆墨／矛盾／読み書き

対比語a)は,いわゆる対義語・反意語・反対語とされる形態素で構成されたもの。原則として,形態素の表す意味は相補関係にあるもので,対立性を有する点に特徴がある。

対比語b)は,なんらかの単位があり,単位の多寡により語義が決定される形態素で構成されたもので,程度性を有する点に特徴がある。

対比語c)は,中間形が想定されるという点で対比語a)と異なり,質が異なるという点で対比語b)とも異なる。評価を表す形態素で構成されたもの。評価性を有する点に特徴がある。

類似語は,いわゆる類義語。性質や形態などに類似性があるということを意味する形態素で構成されたもの。

近接語は，場面や時間，目的などの点で近接関係にあることを意味する形態素で構成されたもの。場面的共通性を有する点に特徴がある。

■ 発展問題

(1) 次の各対語は，対比語a），対比語b），対比語c），類似語，近接語のどれか？

a	哀楽（あいらく）	e	怨恨（えんこん）	i	陰影（いんえい）	m	文句（もんく）	q	久遠（くおん）
b	分別（ぶんべつ）	f	夫婦（ふうふ）	j	迅速（じんそく）	n	燃焼（ねんしょう）	r	老若（ろうにゃく）
c	重複（ちょうふく）	g	言語（げんご）	k	緩急（かんきゅう）	o	恩讐（おんしゅう）	s	衰弱（すいじゃく）
d	断絶（だんぜつ）	h	悲哀（ひあい）	l	恋愛（れんあい）	p	貧窮（ひんきゅう）	t	探求（たんきゅう）

(2) 文豪夏目漱石（なつめそうせき）の遺作となってしまった作品のタイトルは『明暗』である。この作品は作者の死によって中断してしまったものではあるが，11,760文のセンテンスで構成されている。彼の処女作『吾輩は猫である』は，11,146文のセンテンスで構成されたものであったから，中断したとは言え，『明暗』は立派な一作品に匹敵する言語量を有するものと考えてよい。ところが，驚くべきことに，「明暗」という単語は，タイトルとしてのみ使用され，本文での使用例は一例もない。これは普通ではない。彼はタイトル『明暗』によって何を表現しようとしていたのであろうか？ 次の対句的表現，撞着語法（対義結合，オクシモロン）の実例を観察して，考えてみよう。

- さうして其鋭利な点は悉く彼の迂闊な所から生み出されてゐた。言葉を換へていふと，彼の迂闊の御蔭で奇警な事を云つたり為たりした。　　（二十）
- 一種の勉強家であると共に一種の不精者に生れ付いた彼は，遂に活字で飯を食はなければならない運命の所有者に過ぎなかつた。　　（二十）
- 好んで斯ういふ場所へ出入したがる彼女に取つて，別に珍らしくもない此感じは，彼女に取つて，永久に新らしい感じであつた。だから又永久に珍らしい感じであるとも云へた。　　（四十五）
- 彼女はだ不明瞭な材料をもつてゐた。さうして比較的明瞭な断案に到着してゐた。　　（五十六）
- 今朝見たと何の変りもない室の中を，彼女は今朝と違つた眼で見回した。　　（五十七）

- 又尊敬と軽侮とを搗き交ぜた其人に対する何時もの感じが起つた。
 (五十九)
- 粗放のやうで一面に緻密な，無頓着のやうで同時に鋭敏な，口先は冷淡でも腹の中には親切気のある此叔父は，……　(六十二)
- 叔母の態度は，お延に取つて羨ましいものであつた。又忌はしいものであつた。女らしくない厭なものであると同時に，男らしい好いものであつた。あゝ出来たら嘸好からうといふ感じと，いくら年を取つてもあゝは遣りたくないといふ感じが，彼女の心に何時もの通り交錯した。　(六十九)
- つまり人間が陰陽和合の実を挙げるのは，やがて来るべき陰陽不和の理を悟るために過ぎない。　(七十六)
- 「其人は眼の明いた盲人です。」　(七十八)
- 其時の彼は今の彼と別人ではなかつた。といつて，今の彼と同人でもなかつた。平たく云へば，同じ人が変つたのであつた。　七十九)
- 際立つて明瞭に聞こえた此一句ほどお延に取つて大切なものはなかつた。同時に此一句程彼女にとつて不明瞭なものもなかつた。　(百三)
- 困つたといふ心持と，助かつたといふ心持が，包み蔵す余裕のないうちに，一度に彼の顔に出た。　(百四)
- 彼は金を欲しがる男であつた。然し金を珍重する男ではなかつた。
 (百八)
- 彼には其後を聴くまいとする努力があつた。又聴かうとする意志も動いた。　(百十四)
- 「愛と虚偽」　(百十五)
- お延から見た此主人は，此家に釣り合ふやうでもあり，又釣り合はないやうでもあつた。　(百二十三)
- 事実をいふと，彼女は堀を好いてゐるやうでもあり，又好いてゐないやうでもあつた。　(百二十三)
- 見方によつて，好い都合にもなり，又悪い跋にもなる此機会は，……
 (百二十四)
- 所がお秀を怒らせるといふ事は，お延の目的であつて，さうして目的でなかつた。　(百二十六)
- お秀が実際家になつた通り，お延も何時の間にか理論家に変化した。
 (百三十)
- 夫人は責任を感じた。然し津田は感じなかつた。　(百三十四)
- 彼に取つて最も都合の好い事で，又最も都合の悪い事は，何方にでも自由

- 　に答へられる彼の心の状態であつた。といふのは，事実彼は<u>お延を愛してもゐた</u>し，又そんなに愛してもゐなかつたからである。　　（百三十五）
- 「貴方は<u>表向延子</u>さんを大事にする様な風をなさるのね，<u>内側</u>は其程でなくつても。左右でせう」　　　　　　　　　　　　（百三十六）
- 極めて<u>平和な暗闘</u>が<u>度胸比べ</u>と<u>技巧比べ</u>で演出されなければならなかつた。　　　　　　　　　　　　　　　　　　　　　　　　（百四十七）
- 彼女の云ひ草は<u>殆ど出鱈目に近かつた</u>。けれどもそれを口にする気持からいふと，<u>全くの真剣沙汰と何の異なる所はなかつた</u>。　（百四十八）
- けれども<u>事前の夫婦</u>は，もう<u>事後の夫婦</u>ではなかつた。　　（百五十）
- 彼は漸く<u>彼女を軽蔑する事</u>が出来た。同時に以前よりに余計に，<u>彼女に同情を寄せる事</u>が出来た。　　　　　　　　　　　　　（百五十）
- 津田は曾小林の言葉を，<u>意解する事が出来た</u>，然し，<u>事解する事</u>はできなかつた。従つて半醒半酔のやうな落ち付きのない状態に陥つた。
　　　　　　　　　　　　　　　　　　　　　　　　　　　　（百六十一）
- <u>或はそうかも知れない</u>。<u>或はさうでないかも知れない</u>。　　（百七十二）
- 山と谷が<u>それ程広い</u>といふ意味で，町は<u>それ程狭かつた</u>のである。
　　　　　　　　　　　　　　　　　　　　　　　　　　　　（百七十二）
- 彼は自分を<u>さう思ひたくもあり</u>，又<u>さう思ひたくもなかつた</u>。
　　　　　　　　　　　　　　　　　　　　　　　　　　　　（百七十三）
- 思ひの外に浪漫的であつた津田は，また思ひの外に着実であつた。<u>さうして彼は其両面の対照に気が付いてゐなかつた。だから自己の矛盾を苦にする必要はなかつた</u>。　　　　　　　　　　　　　　　　（百七十三）
- <u>甲が事実であつた如く，乙も矢ッ張り本当でなければならなかつた</u>。
　　　　　　　　　　　　　　　　　　　　　　　　　　　　（百八十三）
- <u>反逆者の清子</u>は，<u>忠実なお延</u>より此点に於て仕合せであつた。
　　　　　　　　　　　　　　　　　　　　　　　　　　　　（百八十三）
- <u>表で認めて裏で首肯はなかつた津田の清子に対する心持</u>が，何かの形式で外部へ発現するのが当然であつた。　　　　　　　　　　　（百八十五）
- 「<u>たゞ昨夕はあゝで，今朝は斯うなの。それ丈よ</u>」　　　　　（百八十七）
- <u>眼で逃げられた津田</u>は，<u>口で追掛けなければならなかつた</u>。（百八十八）

(3) 『般若心経(はんにゃしんぎょう)』にある次の表現について調べて，その共通点について考えてみよう。
　　色即是空(しきそくぜくう)

```
くうそくぜしき
空即是色
ふしょうふめつ
不生不滅
ふくふじょう
不垢不浄
ふぞうふげん
不増不減
```

■ **参考文献**

1) 池上嘉彦『意味論』（大修館書店，1975）
2) 田中章夫「対義語の性格」（「日本語学」Vol.6，No.6，明治書院，1987）
3) 田中章夫『国語語彙論』（明治書院，1978）
4) 國廣哲彌『意味論の方法』（大修館書店，1982）
5) 國廣哲彌「日英温度形容詞の意義素と構造」（『構造的意味論』大修館書店，1965）
6) 宮地敦子『身心語彙の史的研究』（明治書院，1979）
7) 村木新次郎「対義語の輪郭と条件」（「日本語学」Vol.6，No.6，明治書院，1987）
8) 村木新次郎「意味の体系」（北原保雄監修・斎藤倫明編『朝倉日本語講座4　語彙・意味』朝倉書店，2002）
9) 森岡健二「対義語とそのゆれ」（「日本語学」Vol.1，No.1，明治書院，1982）
10) 山口　翼編『類語検索大辞典　日本語シソーラス』（大修館書店，2003）
11) 柄谷行人・小森陽一・芳賀　徹・亀井俊介・小池清治著『漱石をよむ』（岩波セミナーブックス48，岩波書店，1994）

第3章 「副食物」はフクショクブツか，フクショクモツか？

【語構成・語構造・語分節】

キーワード：文字読み，言葉読み，不読文字，語構成，形態素，自立形態素，付属形態素，接頭辞，接尾辞，単純語，合成語，複合語，派生語，畳語，濁音化，半濁音化，連声，母音変化，アクセント変化，語構造（主述・補足・修飾・並立・補助），語分節

1. 日本語は読めるのか？

不思議なことなのであるが，日本語にいくら熟達していても，漢字書きされた日本語のすべてを正確に読み解くということは不可能に近い。

「呷る・論う・殺める・疼く・携える」などを「アオる・アゲツラう・アやめる・ウズく・タズサえる」と読んだり，「胡散くさい・壊死する・矍鑠とした・脆弱な・潑剌とした」などを「ウサンくさい・エシする・カクシャクとした・ゼイジャクな・ハツラツとした」と読んだり，「通草・虎杖・杜若・木耳・木賊」などを「アケビ・イタドリ・カキツバタ・キクラゲ・トクサ」と読んだりすることは，確かに難しいことではあるが，これらは知識の問題で，一度知識が与えられれば，難読ということにはならない。また，これらの漢字表記は真っ直ぐに一つの語形を指し示しているから，むしろ易しいと言ってもよいくらいのものなのである。

日本語表記の本質的問題は，日常目にする平易な漢字で書かれた表記が読み難いというところにある。

  1）小山幸子 aおやまさちこ bおやまゆきこ cこやまさちこ dこやまゆきこ
  2）頭   aあたま bかしら cこうべ dつむり eトウ fズ gチュウ
  3）上   aうえ bうわ cかみ dあ eのぼ fジョウ gショウ
  4）生   aい bう cき dなま eは fふ gセイ hショウ iジョウ
  5）何人 aなんニン bなにジン cなんぴと

1）はいわゆる固有名詞（人名）である。人名は造語という要素が強い。造

語の読み方は造語者の恣意に委ねられる。したがって，正確に読み解くには造語者に尋ねるほかはない。とくに，日本では，命名にさいして，使用する文字（漢字）の種類については，人名漢字などの法的規制があるが，読み方は自由である。「有子（ありす）」「孝子（たかし）」「嘉子（よしたね）」などの例に接すると，初めから兜（かぶと）を脱いで，どう読むのかと教えを乞うたほうが早道である。

和泉国（いずみのくに）・紀伊国（きのくに）・摂津国（つのくに）・英彦山（ひこさん）などの「和・伊・摂・英」などは不読文字である。固有名詞の読みは個別に覚えるほかない。これらにおいても，文字を読んでいるのではなく，言葉を読んでいると考えるべきである。

いわゆる固有名詞は種々の面において，他の品詞とは異なる振る舞いをするので例外的に難しいのだということもできそうであるが，2) 以下を見れば，読みの困難さは固有名詞に限定されるものではないことが歴然とするだろう。

		文字列	言語形式
2)	a	頭がいい　頭を悩ます　頭を振る　頭を刈ってもらう	あたま
	b	文楽人形の頭　七つの子を頭に三人の子ども　大工の頭	かしら
	c	頭を垂れる　頭を巡らす　正直の頭に神宿る	こうべ
	d	頭の物	つむり
	e	頭髪　頭部　出頭　低頭　数頭	トウ
	f	頭が高い　頭痛　頭巾　頭蓋	ズ
	g	塔頭	チュウ
3)	a	空の上　机の上　父上　上様	うえ
	b	上の空　上書き　上顎　上着　上背　上擦る　上回る	うわ
	c	川上　上座　上の句　上御一人　お上さん　上を学ぶ下	かみ
	d	上がる　上げる	あ
	e	上る	のぼ
	f	上位　上下　上州　上達　上品	ジョウ
	g	上人　上卿　堂上	ショウ
4)	a	生きる	い
	b	生む　蓬生	う
	c	生糸　生薬　生蕎麦　生娘　ウイスキーを生で飲む	き
	d	生菓子　生首　生肉　生の声　肉を生で食うな	なま
	e	生える	は
	f	芝生	ふ
	g	生命　人生　生死	セイ
	h	一生　生涯　死生観	ショウ
	i	誕生　往生　衆生	ジョウ

5)	a	音楽会へ何人来たのですか？	なんニン
	b	私が何人か当ててみてください	なにジン
	c	何人といえども入室を禁ず	なんぴと

　現代日本語の漢字仮名交りという表記方法においては，文字読みは不可能といってよい。漢字は一つの言語形式を単純に指し示すことはせず，常に複数の言語形式を提示し，的確な選択を要求するのである。そこで読み手は文字列などのコンテキストを頼りにして，書き手が意図した言語形式を推定し，一つの言語形式を選択しながら読み進めるという，言葉読みをせざるをえないということになる。すなわち，漢字仮名交り文を読む作業は単独の文字に関する知識の引き出し作業では済まず，文字列からの情報と突き合わせ，不断の推理作業を必然とするのである。

　言い換えると，文字に関する知識だけでは読めず，単語に関する知識をも必要とするというのが日本語読解の実際なのである。

　「空の上」の「上」が「うえ」であり，「上の空」の「上」が「うわ」であることは，「上」という単独の漢字からだけの情報では説明がつかない。文字列からの情報を必須のものとし，単語に関する知識を必要とすることは，この一例からも断定できることなのである。

2. 語構成・単語の分類—単純語・合成語・複合語・派生語・畳語—

　意味（指示的意味）を表す最小の単位を形態素という。

　「あたま，かしら，こうべ，つむり」のような形態素は単独で使用される。このような形態素を自立形態素といい，自立形態素一個で構成される単語を単純語という。

　「頭（トウ）」「頭（チュウ）」は単独では使用されない。このような形態素を付属形態素という。「頭髪，頭部，低頭，数頭」「塔頭」などは付属形態素同士が結合して一単語となったものである。このような単語を合成語という。

　「頭（ズ）」は，「頭が高い。」という慣用的表現においては単純語であるが，現代日本語では基本的に付属形態素で，「頭痛，頭巾，頭蓋」などは付属形態素同士の結合体であるので合成語ということになる。

「父上（ちちうえ）」は「父（ちち）」も「上（うえ）」も自立形態素である。自立形態素同士が結合したものを複合語という。

注意すべきことは，二つの自立形態素が単純に加算されて複合語になったということではないことである。

自立形態素としての「父」と「上」のアクセントはともに高低型である。単純に加算すると，「父上」は高低高低となる。一方，複合語としての「父上」のアクセントは低高高低となる。複合語化にはアクセント変化という音声現象が付随しているのである。

「上様（うえさま）」の場合は，自立形態素と付属形態素との結合体である。このようなものを派生語という。

なお，「（皆）様，（皆）さん，（山田）君，（面白）さ，（深）み，（自主）的」など常に他の形態素に下接するものを接尾辞といい，「お（祭り），さ（迷う），ま（水），まっ（白），まん（中），ご（丁寧），不（親切）」などのように常に他の形態素に上接するものを接頭辞という。念の為に述べておくが，構成要素として接尾辞，接頭辞を有する単語は派生語である。

「上（うわ）」は「上の空」という表現において助詞「の」が接続しているので，自立形態素のように見えるが，実は「上の空だ」という形容動詞の語幹である。したがって，この場合の「上（うわ）」も，「上書き，上顎，上着，上背，上擦る，上回る」などの「上（うわ）」と同様付属形態素である。

「空，書き，顎，回る」などは自立形態素であるので，「上の空，上書き，上顎，上回る」などは派生語となり，「着（ぎ）」「背（ぜい）」「擦る（ズル）」などは付属形態素であるので合成語ということになる。それぞれ濁音は合成語化したことのマークである。

濁音化という音声現象を単語の語構成という観点からとらえ直せば，それは合成語化・複合語化・派生語化したことを明示的に示すためのマークであるということになる。

因みに合成語化のマークとして機能する音声現象としては濁音化のほかに，半濁音化や連声といわれるものと母音変化と称されるものとがある。

半濁音化とは，「こっ恥ずかしい，こっぴどい，ひっぺがす」など，合成語化にともない，「恥ずかしい，ひどい，へがす」などの後部要素の第一音節の

ハ行音が半濁音化する現象をいう。

連声とは，派生語化する際の次のような音融合の現象をいう。

因 (in) + 縁 (en) = 因縁 (innen)
観 (kan) + 音 (on) = 観音 (kannon)
雪 (set) + 隠 (in) = 雪隠 (settin)

なお，連声は中世日本語では活発であったが，現代日本語では化石的存在となっている。

最後に，母音変化とは合成語化する際の，次のような音声変化のことである。

金 (kane) + 釘 (kugi) = 金釘 (kanakugi)
酒 (sake) + 樽 (taru) = 酒樽 (sakadaru)
手 (te) + 綱 (tsuna) = 手綱 (tadzuna)
木 (ki) + 立ち (tachi) = 木立ち (kodachi)

語構成の観点から単語を分類すると，これまでに述べた単純語，合成語，複合語，派生語ということになるが，「赤赤(あかあか)，青青(あおあお)，山山(やまやま)」などのように分節音レベルで見れば同一の形態素の反復によって構成された単語がある。このような単語を特に畳語(じょうご)という。

複合語化にはアクセント変化が付随するということは畳語の場合も当然適用される。

赤　アカ　高低　　　赤赤　アカアカ　低高高低
青　アオ　高低　　　青青　アオアオ　低高高低
山　ヤマ　低高　　　山山　ヤマヤマ　低高高低

畳語には「人々，日々，黒々」のように後続する形態素の第一音節が濁音化するものもある。「人（びと），日（び），黒（ぐろ）」などは，単独では使用されないから付属形態素ということになる。したがって，これらは派生語ということになる。詳述は避けるが，派生語化においても，アクセント変化が付随するので，これらの畳語においては，濁音化とアクセント変化という二重の音声変化が派生語化のマークとして機能しているということになる。

畳語は厳密に言えば，複合語または派生語であるから，単語の分類としては，わざわざ一群のものとして項目立てをする必要はないのであるが，「ニャンニ

ャン，ワンワン，はらはら，ばらばら」など擬声語擬態語と称されるものも含めるとこのタイプの単語は膨大なものになり，日本語の語彙の一特徴となるため，あえて分類項目の一つとして立てるのである。

3. 語構造

合成語・複合語・派生語・畳語など，二つ以上の形態素で構成された単語における，形態素相互の意味（文法的意味）的関係を語構造という。

語構造には，主述構造・補足構造・修飾構造・並立構造・補助構造の五種がある。

主述構造		頭痛（頭が痛むこと），足早（足が早いこと），夜明け（夜が明けること）	
補足構造		上書き（上に書くこと），上着（上に着るもの），本読み（本を読むこと），出頭（頭を出すこと），上達（上に達すること），読書（書を読むこと）	
修飾構造	連体修飾	頭髪（頭の髪），頭部（頭の部分），上位（上の位），衆生（おおくの生物）	
		お祭り，真っ白，真ん中，不愉快，絶好調	
	連用修飾	先走る，差し障る，差し支える	
		うち切る，さ迷う，たばかる，ぶっ魂消る，ほの白い	
並立構造	対比関係	上下（上と下），大小（大と小）明暗（明るいことと暗いこと）	
	類似関係	携帯（身に携え帯びること），舞踏（舞い踊ること）	
	近接関係	飲食（飲み食いすること），書画（書と絵画）	
	同義関係	山々（山と山），人々（人と人）	
補助構造		数頭，上様，民主的，自主性	

4.「何人」はどう読めばよいのか？

「何人」の読みを問われた場合，すげなく答えれば，「これだけでは読めない。」となり，丁寧に答えれば，「可能性としては，『なんニン，なにジン，なんぴと』

の三種類の読みが考えられるが，文字列が与えられないと，これらのうちのどれと指し示すことはできない。」ということになる。

これらの単語を語構成・語構造の観点から分析すれば次のようになる。

単　語	前部要素	後部要素	語構成	語構造
なんニン	なん(和語, 付属形態素)	ニン(漢語・呉音, 付属形態素)	合成語	補助
なにジン	なに(和語, 自立形態素)	ジン(漢語・漢音, 付属形態素)	派生語	修飾
なんぴと	なん(和語, 付属形態素)	ぴと(和語, 付属形態素)	合成語	修飾

「なんニン」と「なにジン」は和語と漢語とが融合した混種語で，いかにも継ぎ接ぎした単語という印象を免れない。

「なんニン」の「ニン」は人数を表す語の下に付ける接尾辞（付属形態素）で，いわゆる助数詞である。

「なにジン」の「ジン」は，人を人種，国籍，職業などで分類して呼ぶ際に用いる接尾辞（付属形態素）である。

これらに対して，「なんぴと」は和語同士の融合であり，「ぴと」という半濁音化が融合度を高めている。「誰」という，いわゆる不定人称代名詞の古風な言い方という意味（指示的意味と文体的意味）を有している。

「ニン／ジン／ひと・ぴと・びと」という対立は，意味（指示的意味）の対立を示すものとして機能することもある。

　　　いちニン（一人）　　＝右大臣の異称。
　　　いちジン（一人）　　＝天子の尊称または謙辞。
　　　いちのひと（一の人）＝摂政・関白，または太政大臣の異称。

待遇度（文体的意味）の観点から言えば，「ジン」という漢音に由来するものが最も高く，「ニン」という呉音に由来するものが最も低い。「ひと・ぴと・びと」という和語系のものはそれらの中間ということになる。

5. 語分節―「副食物」は「フクショクブツ」か，「フクショクモツ」か？―

三つ以上の形態素からなる単語を，幾つかの部分に分けることを語分節という。

「副食物」という単語を語分節すると，a「副食＋物」とb「副＋食物」の二

種になる。

　a「副食＋物」と語分節すれば、その読み方は「フクショクブツ」となり、b「副＋食物」と語分節すれば、その読み方は「フクショクモツ」となる。

　現代日本語には、「主食・副食」という言葉はあるが、「主食物・副食物」という言葉はない。このことから考えれば、「副食物」の読み方は「フクショクブツ」が正しいということになる。「フクショクモツ」は語分節を間違えたために生じた誤読である。誤用する者が増加するとやがて「フクショクモツ」という語が認知されるようになる可能性がある。講義において、この問題を学生に課すと、誤読する者が半数以上に上ることが多いので、将来は、「フクショクモツ」も慣用として認められるようになるかもしれない。

　日本語の表記方法には、語分節を明示するために「・」などの符号を用いて「副食・物」とか「副・食物」と表記するという規則がない。そこで、語分節の間違えを防ぐことは不可能ということになるのである。「フクショクモツ」という言語形式は漢字表記が生み出した新語である。

　日本語においては、文字は音声言語をただ写すだけの存在ではない。逆に、文字が音声言語を生み出すということがあるのである。

■ 発展問題

(1) 次の単語の読み方を平仮名で書きなさい。
　a　歯舞
　b　色丹
　c　国後
　d　択捉
　e　西表島

(2) 次の下線部の読み方を平仮名で書きなさい。
　a　よそにのみ恋ひやわたらん<u>白山</u>のゆき見るべくもあらぬわが身は（古今・離別）
　b　<u>白山</u>国立公園
　c　東京都文京区<u>白山</u>
　d　<u>青山</u>墓地

e　人間致る所青山あり。
　＊「白山・白山(ハクサン)」は，ともに石川・岐阜両県にまたがる成層火山を意味する。古くは「しらやま」といい，後に「ハクサン」となる。

(3) 次の各単語の語構造を述べなさい。
　　a　有望　　b　会合　　c　登山　　d　競争　　e　日没
　　f　公害　　g　入学　　h　人工　　i　重傷　　j　高低

(4) 次の各組の単語の語構成・語構造・意味について分析してみよう。

①	②	③	④	⑤
a ぐい飲み	a 首狩り	a 青焼き	a 白粉焼け	a 人当たり
b 吸い飲み	b 熊狩り	b 有田焼き	b 夕焼け	b 大当たり
c 一気飲み	c 山狩り	c 貝焼き	c 潮焼け	c 風当たり
d 酒飲み	d 魔女狩り	d 炭火焼き	d 酒焼け	d 口当たり
e やけ飲み	e 桜狩り	e 世話焼き	e 雪焼け	e まぐれ当たり
f 回し飲み	f 蛍狩り	f 手焼き	f 胸焼け	f 心当たり
g 水飲み	g 紅葉狩り	g 鍋焼き	g 日焼け	j 八つ当たり
h ひと飲み	h 潮干狩り	h 目玉焼き	h 生焼け	h 総当たり
i がぶ飲み		i 山焼き	i 丸焼け	i 体当たり
j 茶飲み			j 色焼け	j 突き当たり
k 湯飲み				k 罰当たり
l 丸飲み				

■ 参考文献

1) 阪倉篤義『語構成の研究』(角川書店，1966)
2) 斎賀秀夫「語構成の特質」(『講座現代国語学Ⅱ　ことばの体系』筑摩書房，1958)
3) 宮地　裕「語構成」(『日本語と日本語教育』文化庁，1973)
4) 宮島達夫「語構成」(国語学会編『国語学大辞典』東京堂出版，1980)
5) 川本栄一「語構成」(佐藤喜代治編『国語学研究事典』明治書院，1977)
6) 野村雅昭「造語法」(『岩波講座日本語9　語彙と意味』岩波書店，1977)
7) 山口佳紀「語形・語構成」(『講座日本語の語彙1』明治書院，1982)
8) 斉藤倫明「語構成Ⅰ，Ⅱ」(森田良行・村木新次郎・相澤正夫編『ケーススタディ　日本語の語彙』おうふう，1989)
9) 斎藤倫明「語構成原論」(北原保雄監修・斉藤倫明編『朝倉日本語講座4　語彙・意味』朝倉書店，2002)

10) 田中章夫『国語語彙論』(明治書院，1978)
11) 石井正彦「語構成」(『講座日本語と日本語教育6　日本語の語彙・意味（上）』明治書院，1989)
12) 影山太郎『文法と語形成』(ひつじ書房，1993)

第4章 『吾輩は猫である』の猫はなぜ名無しの猫なのか？

【意味特性・固有名彙(こゆうめいい)】

キーワード：固有名詞，固有名彙，橋本文法，意味特性，恣意性(しいせい)，指示機能，標識機能，命名，所属関係，意味属性，固有名詞の体系，人名表記，固有名彙変転のレトリック

1. 固有名彙とは何か？―固有名詞と固有名彙―

「固有名詞」という用語は，一般的には文法用語と意識されている。しかし，英語においては確かに文法用語なのであるが，日本語においては文法用語ではない。語彙論の用語なのである。

本書では，文法論に関する用語は従来の用語を使用して「……詞」と表現するが，語彙論に関する用語は，そのことを明示的に示すため「……彙」と表現することにする。したがって，いわゆる固有名詞は「固有名彙」となる。

英語の固有名詞についていえば，語頭は大文字で書かれ，冠詞は付けられない。また，複数形を欠くという文法的特徴を有し，文法的に普通名詞とは区別される。

一方，日本語の固有名彙はこのような意味での文法的特性を有してはいない。

普通名詞	固有名彙	
馬が来た。	山田太郎(やまだたろう)が来た。	［主格補足成分の一部］
馬は家畜だ。	山田太郎は親友だ。	［題目成分の一部］
あれは馬だ。	あれは山田太郎だ。	［解説成分の一部］
馬に乗る。	山田太郎に頼む。	［依拠格補足成分の一部］
馬の脚	山田太郎の足	［連体成分素の一部］

形式を重視する橋本(はしもと)(進吉(しんきち))文法では，「固有名詞」を名詞の下位区分とし，次章で言及する「代名詞」と同様に，独立した品詞の一つとしては数えていな

い。これは，上記のような言語事実に基づいた処置なのである。

固有名彙に属する単語の特徴は，言語形式と言語内容との関係の特殊性にある。

「馬」「猿」などの普通名詞では，言語形式が社会的に一定の言語内容（聴覚イメージ・類概念）を呼び起こす。このようにある言語形式が社会的に一定の言語内容を呼び起こす作用を本書では，言語の指示機能ということにする。また，ある言語内容は社会的に一定の言語形式を要求する。このようにして，普通名詞においては，言語形式と言語内容が密接に結び付いている。日本語を習得するということは，このような社会的一定の関係を習得するということである。

一方，「山田太郎」という固有名彙は社会的には一定の言語内容（聴覚イメージ・類概念）とは結びついていない。固有名彙は指示機能を具備していないのである。ある固有名彙が社会的に言語として認められるためには，言語形式と言語内容とを私的に臨時的に結び付ける必要がある。ある人間にどのような固有名彙を与えるかは個人の恣意にゆだねられている。固有名彙はある人間が他の人間とは別のものであることを示す標識として，まず使用され，新規に社会的に認知されることにより，言語として機能するようになる。このような固有名彙の機能を本書では標識機能ということにする。

ところで，日本語や英語，中国語という個別言語の枠を超えて，言語一般として，言語形式と言語内容との関係をみた場合，これらの関係は恣意的関係ということになる。

そうして，日本語や英語・中国語という個別言語の枠内においては，言語形

式と言語内容との関係は固定的になり，恣意性を失う。

固有名彙の面白さの一つは，言語の恣意性が個別言語においても貫かれているというところにあるだろう。

生まれたばかりの女の子に「小百合(さゆり)」と名付けても，「百恵(ももえ)」と名付けても，「瑠璃子(るりこ)」と名付けてもかまわない。また，これらの女の子がどのような顔形をしているかについては固有名彙は何らの保証も与えないのである。恣意性とは，言い換えると言語としての自由さである。固有名彙は言語の自由さが気がねなしに思い切り楽しめる語彙なのである。

2. 名付けと所属関係―『吾輩は猫である』の猫はなぜ名無しの猫なのか？―
(1) 名無しの猫という設定の特殊性

日本近代文学の傑作の一つ，夏目漱石(なつめそうせき)の処女作『吾輩は猫である』（明治38年1月～明治39年8月，1905～1906）の冒頭は次のように始められている。

　　吾輩は猫である。名前はまだ無い。（一）

「まだ無い。」と述べているので，「吾輩」は，いずれ名前が付けられるだろうと思っていることがわかる。すべての飼い猫には，「タマ」とか「ミー」とか「ミケ」とかという猫らしい名前がつけられるのが普通であるから，「吾輩」が上記のように思考するのは極めて当然ということになる。事実，この小説に登場する猫はみな名前を持っている。筋向こうの雌猫は「白(しろ)」，車屋に買われている乱暴猫は「黒(くろ)」，二絃琴の師匠のところの美猫は「三毛(みけ)(子(こ))」という具合である。しかるに，「吾輩」はこの作品の最後に至っても名無しの猫のままである。「吾輩」の期待は裏切られたことになる。漱石はなぜ，このような裏切り行為をして，「吾輩」を名無しの猫にとどめてまったのであろうか？

漱石は企(たくら)み多き作家であるから，極めて不自然な名無しの猫という設定にはこの作品を読み解くための鍵の一つが潜ませられているのではないかと思ってよいだろう。

「吾輩」の飼い主は「珍野苦沙弥(ちんのくしゃみ)」先生である。彼はすこぶる無精(ぶしょう)である。そのことは十章の冒頭部を読めばわかる。

「あなた」，もう七時ですよ」と襖越しに細君が声を掛けた。主人は眼がさめて居るのだか，寝て居るのだか，向ふむきになつたぎり返事もしない。返事をしないのは此男の癖である。是非何とか口を切らなければならない時はうんと云ふ。此うんも容易な事では出てこない。人間も返事がうるさくなる位　無精になると，どことなく趣がある。(十)

　猫が名無しのまま放って置かれたのは，こういう飼い主の極端な「無精」の結果と一応は考えられる。だが，それだけだろうか？　この程度のことなら「読解の鍵」などと大袈裟に考える必要はない。

(2)「吾輩」には名前があった！―「野良」という呼び名―

　「吾輩」のガールフレンドに「二絃琴の御師匠さん」の主人を持つ「三毛(子)」という美猫がいる。この美猫は「三毛(子)」という名を有するばかりか，死んで「猫誉信女」という戒名まで授けられている。「吾輩」とは格段の相違で，贅沢な猫なのであるが，登場してまもなく風邪を引き，この小説が始められてすぐの二章であっけなく死んでしまう。この二章の末尾において，私たちは「吾輩」の名前の一つに接することになる。

　　「然し猫でも坊さんの御経を読んでもらつたり，戒名こしらへてもらつたのだから心残りはあるまい」「さうで御座いますとも，全く果報者で御座いますよ。ただ慾を云ふとあの坊さんの御経があまり軽少だつた様で御座いますね」「少し短か過ぎた様だつたから，大変御早う御座いますねと御尋ねをしたら，月桂寺さんは，ええ利目のある所をちよいとやつて置きました，なに猫だからあの位で充分　浄土へ行かれますと御仰あつたよ」「あらまあ……然しあの野良なんかは……」
　　吾輩は名前はないと屢ば断つて置くのに，此下女は野良野良と吾輩を呼ぶ。失敬な奴だ。(二)

　「下女」の「御三」は「吾輩」を「野良」と呼んでいる。だから，「吾輩」には呼び名があったことになる。しかし，「吾輩」は自分の名前として「野良」を認めることをせず，作品の最後まで，名無しの猫で通している。なぜなのだ

ろうか？

(3) 独立した猫・文明批評家漱石のカリカチュア—固有名詞には所属関係を明示する機能が内含されている。—

夏目漱石の弟子内田百閒（うちだひゃっけん）は『贋作（がんさく）吾輩は猫である』（昭和24年, 1949）を著し, 作品においても漱石の弟子であることを鮮明にしているが, この作品の「吾輩」には名前がある。

内田は怪力というべか妖力というべきか作者の特権により, 40年ほど前に水瓶（みずがめ）で水死（すいし）した漱石の猫「吾輩（ごはい）」を蘇生（そせい）させてしまう。

飼い主「大入道（おおにゅうどう）」こと「五沙弥（ごさみ）」は, 友人「風船画伯（ふうせんがはく）」の「時に先生さん, この猫は何（なん）と云（い）う名前ですか」という率直な質問に, 妻である「お神（かみ）さん」をも前にして次のように答える。

「名前はまだ無い」
「そりゃ不便ですね」
「そうだわ, 名前をつけてやらなくちゃ。今までだって有ったんでしょうけれど, 猫に聞いてもわからないから, うちでつけるんだわね」
「命名式を致しましょう」
「じゃあ, つけてやろうか。アビシニヤ」
「変な名前だわ」
「何だか聞いた様な名前ですね」
　名前なんかどうでもいい。あんまりいつ迄（まで）も下らない事ばかり云（い）うので, つくづく退屈したから, 脊伸（せの）びをしたら大きな欠伸（あくび）が出た。
「や, 猫が欠伸（あくび）をしたぜ」と大入道（おおにゅうどう）が云（い）った。（第一）

内田の『贋作……』はかなりよくできた贋作なのであるが, 第一章の末尾において, すでに贋作の尻尾（しっぽ）を出してしまっている。漱石の猫, 「吾輩」の特色の第一は名無しであることなのであるが, 『贋作……』ではこの肝要な特色を簡単に放擲（ほうてき）してしまって, 命名しているからである。あえて勘（かん）ぐりを入れれば, 内田百閒は, 猫が名無しであるという小説の仕掛けを仕掛けとして認識していなかったのではないかと思われる。彼は名前の有無を便利, 不便という日常的

次元でしか考えていなかったようだ。

　ところで、「吾輩」は「御三」が使用する「野良」という呼び名をなぜ拒否したのであろうか。

　「野良」は「野良猫」から作られた略称である。「野良猫」とは、「飼い主のない猫。野原などに捨てられた猫。どらねこ。」（広辞苑）のことである。「吾輩」が野原の藪に捨てられたことは間違いないが、捨てられたままではない。現在では、立派に中学校教師、珍野苦沙弥先生に飼われた、家のある猫なのである。出自をやや恥じる傾向のある「吾輩」は断じて「野良猫」ではないと主張したかったのであろう。だから「野良猫」に由来する「野良」という呼び名を許すわけにはいかなかったものと推測される。これが拒否の理由の一つである。

　それにしても、名付けられる側が名前に異議を申し立て、これを拒否することはありうることではない。この点においても、『吾輩は猫である』における名無しの猫という設定が特殊であることは歴然としている。

　漱石の孫娘の婿、半藤一利著『漱石先生がやって来た』によれば、夏目家では「吾輩」を「半兵衛」と呼んでいたということのようである。事実に反してまで、『吾輩は猫である』において、漱石が「吾輩」を名無しの猫のままに打ち置いた処置には深い理由があったと考えるほかない。

　漱石が「吾輩」を名無しの猫のままに放置した理由はさらに深いところにあった。

　下女「御三」は「吾輩」の真の飼い主ではない。そういう人間には名付けの権利はない。「野良」という呼び名を内田の猫と同様に「下らない事」として受け入れてしまうと、「吾輩」は「御三」のものとなりかねない。所属関係を明らかにする点においても、「吾輩」は「野良」という呼称を拒否するほかなかったのである。これが、「吾輩」が「野良」という呼び名を拒んだ真の理由なのであろう。「吾輩」が認めるであろう名前は飼い主、苦しい境涯からの救い主、珍野苦沙弥先生からのもの以外にはありえないのである。

　名付け・命名という行為は、単に名を与えるということだけを意味するのではない。名を授けるということは、食を保証し、寝場所を保証し、行動圏を保証すること、一言でいえば、生存権を保証するということを意味する。

五沙弥先生がその妻と友人風船画伯との前で行った命名式は、野良猫に「アビシニア」という名前の標識を付け、「アビシニア」という言語形式と迷い込んだ猫という言語内容とを私的に結合させ、新しい固有名彙を生成すると同時に、野良猫を家猫・飼い猫に昇格させる行為でもあった。この命名式により、この猫は生存権が保証され、五沙弥家に所属することになったのである。
　このようなわけで、固有名彙には所属関係を明示するという機能が内含されている。ところが、珍野苦沙弥先生は、この命名という行為を最後までしていない。いや、作者夏目漱石がそういう設定を選び取っている。これは、「吾輩」である猫を珍野苦沙弥に所属しない、自由の独立体として、漱石がふるまわせたかかったらではないだろうか？　自由の独立体でなければ、「太平の逸民」たちの呑気さと哀しさとを突き放して描破する傑作は成立しなかった。名無しということは何者にも所属しないという独立体を象徴し、一個の文明批評家としての自負を表すと同時に、哀しさと寂しさとの表明であったことになる。名無しの猫「吾輩」は文明批評家漱石のカリカチュアでもあったのだ。
　夏目漱石は生まれて間もなく里子に出されている。一種の捨て子の身となったといってよい。夜店の一隅に置かれた籠の中で寝ていた赤子を見て、哀れを感じた兄弟の願いにより、幼い漱石は親元に引き取られている。ところが、兄弟が多かった夏目家では、父親母親晩年の子、いわゆる「恥かきっ子」の漱石をもてあまし、今度は本格的に養子として他家に入籍させてしまう。生存権の不安、所属関係の流動性を漱石は幼児に体験している。この体験が潜在し『吾輩は猫である』の猫として発現したというのは読み過ぎであろうか。

3. 固有名彙の意味属性による体系

　これまで述べて来たように、固有名彙とそれが表す事物との関係は恣意的なもので、体系的なものではないが、事物の側を基準にすれば、体系的なものとして把握することは可能である。次に「NTTコミュニケーション科学研究所」が監修した『日本語語彙大系1　意味体系』所収の、ペット名に関係する部分を参考として示しておく。
　所収の、ペット名に関係する部分を参考に示しておく。

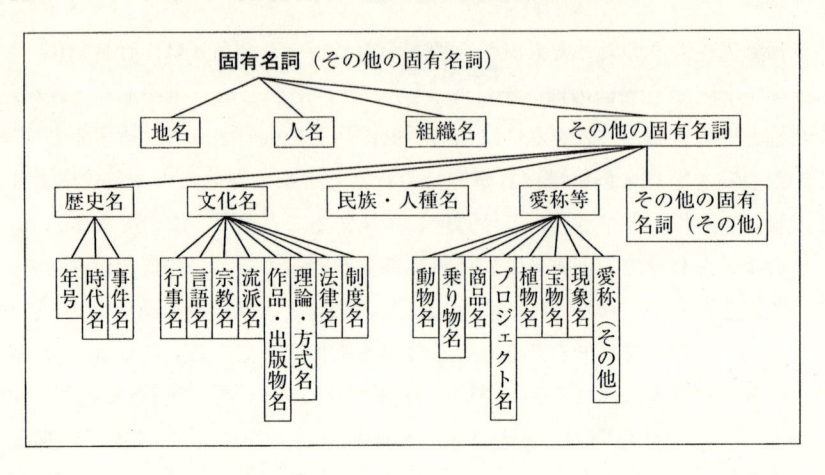

```
                    固有名詞（その他の固有名詞）
        ┌──────────┬──────────┬──────────┐
       地名        人名      組織名    その他の固有名詞
  ┌────┬────┬──────┬──────┐              ┌──────┐
 歴史名  文化名    民族・人種名         愛称等   その他の固有
                                              名詞（その他）
 ┌─┐  ┌─┬─┬─┬─┬─┐              ┌─┬─┬─┬─┬─┐
 年時  行言宗流作理制法           動乗商プ植宝現愛
 号代  事語教派品論度律           物物品ロ物物象称
   名  名名名名・・方式名          名名名ジ名名  （
         名  出理式名              名  ェ      そ
            版論名                    ク        の
            物・                      ト        他
            名                        名        ）
```

繰り返すことになるが，ここに示された体系は「固有名詞」という言語の側から見た体系ではない。それらが表す事物の側に認められる体系である。したがって，この体系には作る側の恣意が働くので絶対的な体系ではない。

4. 人名表記の多様性

第一節の末尾において，「固有名彙は言語の自由さが気がねなしに思い切り楽しめる語彙」と述べたが，この自由さを思い切り楽しんでいる言語の第一は日本語であると思われる。恣意性は表記の多様性という形をとって現れる。

まず，「姓」の表記の多様性を例示する。

アイカワ	鮎河	鮎川	会川	合川	四十川	相川	藍川	
アイザワ	鮎沢	会澤	合澤	四十沢	相沢	相澤	藍沢	藍澤	會澤
アイバ	愛場	饗場	饗庭	合場	合葉	餐場	相羽	相場	相庭	相馬	相葉	藍葉
カトウ	加登	加東	加藤	加頭	嘉藤	河東	香東	
サイトウ	妻藤	斎藤	西塔	西東	西藤	西頭	斉藤	齋藤	齊藤
ヨシカワ	義川	吉河	吉川	好川	斉川	芳川	由川	良河	良川	葭川

「四十川」「四十沢」に至っては，「四十」でなぜ「アイ」と読むのかさえわ

4. 人名表記の多様性

からない。次に，「名」の表記の多様性を示す。

アキオ　アキオ　堯夫　暁生　暁男　暁夫　暁雄　暁郎　啓夫　顕生　顕男　顕夫　顕雄　晃夫　晃生　晃夫　晃雄　秋男　秋夫　秋雄　秋郎　彰生　彰男　彰夫　彰雄　彰朗　彰郎　昭生　昭男　昭夫　昭勇　昭雄　昭郎　晶夫　晶雄　祥生　章生　章男　章夫　章勇　章雄　章郎　詔雄　聡雄　彬夫　明央　明生　明男　明夫　明雄　明郎　陽夫　亮夫　廉夫　朗生　朗男　朗雄　晧夫　曉夫　璋夫　韶夫

ヨシオ　よしお　ヨシオ　ヨシヲ　愛雄　佳男　佳夫　佳雄　嘉生　嘉男　嘉夫　嘉甫　嘉勇　嘉雄　賀生　賀男　賀夫　賀雄　快男　凱男　凱夫　凱雄　完夫　喜生　喜男　喜夫　喜雄　儀夫　儀雄　義翁　義生　義男　義尾　義夫　義雄　吉男　吉夫　吉勇　吉雄　欣男　欽男　圭男　圭郎　慶男　慶夫　慶雄　慶朗　元雄　侯雄　好男　好夫　好雄　孔男　四男　至男　至雄　叔男　淑男　祥夫　世志男　精男　宣生　詮雄　善男　善夫　善雄　善朗　善郎　能男　能夫　美夫　美雄　美郎　彬男　斌男　福郎　芳生　芳男　芳尾　芳夫　芳雄　芳朗　由男　由尾　由夫　由雄　由朗　由郎　与四男　与四雄　与士夫　与志男　与志夫　与志雄　誉志夫　誉夫　良生　良男　良夫　良穂　良雄　良郎　佶男　禧夫　譽志雄

ノリコ　のりこ　のり子　ノリコ　ノリ子　紀子　規子　記子　儀子　矩子　憲子　師子　至子　詞子　祝子　詔子　乗子　詮子　則子　程子　典子　徳子　弐子　乃り子　乃梨子　乃理子　乃里子　納里子　能利子　能理子　能里子　伯子　範子　法子

ミチコ　みちこ　みち子　ミチコ　ミチ子　見知子　己知子　己智子　庚子　三千子　三知子　三智子　視千子　実千子　実知子　実智子　身知子　通子　途子　導子　道子　美治子　美千子　美地子　美智子　美稚子　末知子　未知子　巳知子　獻子　融子　倫子　路子　廸子　彭子　迪子　遠子　満子

これらを観察すると姓名を表す表記にはなんでもありという感を禁じ得ない。ことほどさように日本人の姓名の表記は多様である。この多様さを生み出すものは，固有名彙の恣意性にあるだろう。

　姓でいえば，「鴨脚」で「いちょう」（銀杏・公孫樹），「一口」で「いもあらい」などの難訓姓，名でいえば，「羽一音」で「ハイネ」，「六月介」で「ジュンすけ」など親や本人以外には読めそうにない表記は珍しいことではない。これらは恣意性の極といってよいだろう。日本の戸籍法では，人名漢字など，姓名に使用する文字に関しては規定があり，規制されるが，許された文字を使用していれば，それらをどう読むかは自由なのである。法的にも，自由さは保証されているのである。

■ 発展問題

(1) 太陽や月は固体として唯一のものであるにも関わらず普通名詞とされ，鈴木道子や中野良夫は同姓同名の人を考えると固体としては複数あるにもかかわらず「固有名詞」とされるのはなぜか？

(2) 夏目漱石の『吾輩は猫である』に登場する猫の名及び登場人物名と内田百閒の『贋作吾輩は猫である』に登場する猫・犬の名及び登場人物名を比較しなさい。

	『吾輩は猫である』	『贋作吾輩は猫である』
語り手の猫	名無し（一）	アビシニア（第一）
登場猫①	三毛（子）（一）	鍋島老（第六）
登場猫②	白（一）	黒（第六）
登場猫③	黒（一）	副総裁（第六）
登場猫④		長唄師匠（の銀猫）（第六）
登場猫⑤		宮様の分家（の花魁猫）（第六）
登場猫⑥		校長（の波斯猫）（第六）
登場猫⑦		小判堂（の若猫）（第六）
登場犬①		出臼（第六）
登場犬②		柄楠（第六）
登場犬③		魔雛（第六）
主人	珍野苦沙弥	大入道こと五沙弥（第一）

友人①	美学者迷亭(一)		風船画伯(第一)
友人②	理学士水島寒月(二)		疎影堂(第三)
友人③	越智東風(二)		蒙西(第三)
友人④	天然居士曾呂崎(三)		出田羅迷(第三)
友人⑤	八木独仙(九)		佐原満照(第三)
友人⑥			鰐果蘭哉(第四)
友人⑦			狗爵舎(第七)
友人⑧			行兵衛(第七)
友人⑨			飛騨里風呂(第七)
友人⑩			馬溲検校(第七)
友人⑪			曇風居士(第十)
その他	会社員鈴木藤十郎(四)		鰐果蘭哉の母(第一)
	六井物産役員多々良三平(五)		岡山の知人の作久(第二)
	天道公平こと立町老梅(九)		蛆田百滅(第四)
	姪の雪江(十)		兼子金十郎(第五)
	中学二年生の古井武右衛門(十)		先輩の句寒(第七)
			未然和尚(第九)
	妻の細君(一)		妻のお神さん(第一)
	娘(長女)のとん子(五)		
	娘(次女)のすん子(五)		
	娘(三女)の坊ば(十)		
	下女の御三(一)		

＊( )は章を表す。

(3) 次の三つの国際問題から，固有名彙と所属関係について論じなさい。

　A 「魚釣島」(日本名)と「釣魚島」問題(中華人民共和国名)

　　平成16(2004)年3月24日，中国人の活動家7人が尖閣諸島最大の島，魚釣島に上陸した。日本側は，沖縄県警察を派遣し，7人を出入国管理法違反(不法入国)の疑いで現行犯逮捕し，中国側はこれに抗議している。

　　尖閣諸島は，八重山群島の北北西約150キロメートル，台湾の北東約190キロメートル，中国本土の東約350キロメートルのところにある。明治29(1896)年3月の勅令第13号によって，日本領土に編入されたものであったが，太平洋戦争後，昭和20(1945)年アメリカの占領下にはいった。昭和47(1972)年，沖縄が本土復帰すると同時に，魚釣島も返還

された。一方，昭和43（1968）年以後，ECAFEなど各種調査団の資源調査により，この付近の海底に豊富な石油資源や天然ガスが埋蔵されていると推定され，昭和45（1970）年以後，台湾政府，中華人民共和国が領有権を主張している。

B 「竹島(たけしま)」（日本名）と「独島(ドクト)」（韓国名）問題

隠岐島の北西約86カイリにある日本海の小島で，韓国の鬱陵島(ウルルンド)からも近い。明治38（1905）年2月22日の島根県告示により，日本の領土に編入された。昭和27（1952）年1月，韓国はいわゆる李承晩(りしょうばん)ラインを宣言し独島(ドクト)の領有権を主張している。

C 「日本海(にほんかい)」（日本）と「東海(ドンハイ)」（韓国）問題

国際水路機関（IHO）が平成15（2003）年改定予定の海図「大洋と海の境界」の最終稿から「日本海」を載せたページを削除し，平成14（2002）年8月，加盟72カ国に，「日本海（Sea of Japan）」とすべきか，「東海（East Sea）」とすべきかを問う書簡を配布した。韓国側は，歴史的には「東海」「東洋海」「朝鮮海」の呼称が古く，昭和4（1929）年のIHOの会合当時は，日本の植民地であったため，異議を唱えることができなかったと主張し，日本側は，「日本海」の名称は鎖国時代の18世紀から国際的に定着していると主張している。

(4) 難訓姓難訓名と考えられるものを探してみよう。

(5) 「孝子（たかし）」「嘉子（よしたね）」「慶美（よしみ）」など，漢字表記だけでは女性と思われがちな名前がある。これはなにを意味すると考えられるか？

(6) 次の人物が生涯に用いた名の一覧表を観察し，名前についての意識や名付け方，名乗り方がどのように変化したについて考えてみよう。

a 天智天皇(てんじ てんのう)（626〜671）　葛城皇子(かつらきのみこ)・中大兄皇子(なかのおおえのみこ)・天智天皇(てんじてんのう)・天命開別尊(あめみことひらかすわけのみこと)

b 空海(くうかい)（774〜835）　幼名真魚(まお)・空海・弘法大師(こうぼうだいし)

c 藤原定家(ふじわらのていか)（1162〜1241）　光季(みつすえ)・季光(すえみつ)・定家(さだいえ)・法名明静(みょうじょう)

d 豊臣秀吉(とよとみひでよし)（1537〜1598）　幼名猿・日吉丸(ひよしまる)，名乗木下藤吉郎秀吉(きのしたとうきちろうひでよし)，羽柴(はしば)秀吉(ひでよし)，藤原秀吉(ふじわらひでよし)，豊臣秀吉(とよとみひでよし)

e 本居宣長（1730〜1801）　幼名小津富之助・通称弥四郎・名栄貞・名栄貞・通称本居健蔵・名宣長・号春庵（舜庵）
　　f 正岡子規（1867〜1902）　幼名升・本名常規・号子規
　　g 樋口一葉（1872〜1896）　本名樋口奈津，号一葉
　　h 川端康成（1899〜1972）　本名川端康成

(7) 出生時に付けられた名で一生通すことが原則であると明治4（1871）年に布告された戸籍法で定められて以来，今日まで日本ではこの原則が生き続けている。文学作品の世界でもこの原則が適用されるのが常なのであるが，同一登場人物の名を次々と変転させてしまうという規則破りの趣向（固有名彙変転のレトリック）を持ち込み，読者を混乱させる作品が筒井康隆の『夢の木坂分岐点』である。

　　変転の様子を観察し，人物名変転のレトリックが作品の主題とどのように関係するかについて考えてみよう。

　　主人公　小畑重則→大畑重則→大畑重昭→大村常昭→大村重昭→松村常賢
　　妻　　　加津子→志津子→奈津江→加津江
　　長女　　真由美→真佐美→真佐子→芙佐子→芙由子→真由子

(8) 子どもへの名付け方について，日本と外国とを比較し異同をまとめてみよう。

■ 参考文献

1) 亀井　孝・河野六郎・千野栄一編『言語学大辞典6　術語編』（三省堂，1996）
2) 小池清治・小林賢次・細川英雄・犬飼　隆編『日本語学キーワード事典』（朝倉書店，1997）
3) NTTコミュニケーション科学研究所監修池原悟他編集『日本語語彙大系1　意味体系』（岩波書店，1997）
4) 池上嘉彦『意味論』（大修館書店，1975）
5) 鏡見明克「固有名詞」（『講座日本語1』明治書院，1982）
6) 鏡見明克「名称学と命名論」（「日本語学」10巻1号，1991）
7) 木下　守「持続と邂逅―森鷗外と史伝形式」（「国語と国文学」181巻2号，東京大学国語国文学会，2004）
8) 寿岳章子『日本人の名前』（大修館書店，1979）

9) 田中克彦『名前と人間』(岩波新書472, 岩波書店, 1996)
10) 石崎 等『夏目漱石 テクストの深層』(小沢書店, 2000)
11) 夏目漱石『吾輩は猫である』(漱石全集1, 岩波書店, 1993)
12) 内田百閒『贋作吾輩は猫である』(内田百閒集成8, ちくま文庫, 筑摩書房, 2003)
13) 半藤一利『漱石先生がやって来た』(人物文庫, 学陽書房, 2000)
14) 柄谷行人「固有名をめぐって」(『探求＜2＞』講談社学術文庫1120, 講談社, 1994)
15) 出口 顯『名前のアルケオロジー』(紀伊国書店, 1995)
16) 石原千秋「名前はつけられない－固有名をめぐって－」(「国文学解釈と教材」2004年1月号, 學燈社, 2004)
17)『現代用語の基礎知識2004』(実業之日本社, 2004)
18) 筒井康隆『夢の木坂分岐点』(新潮文庫, 新潮社, 1987)
19) 21世紀研究会編『人名の世界地図』(文春文庫154, 文藝春秋, 2001)
20) 松本脩作・大岩川嫩編『第三世界の姓名』(明石書店, 1944)

第5章 「薫(かおる)」は男か？ 女か？

【意味属性・人称代名彙(にんしょうだいめいい)】

キーワード：人称代名詞，人称代名彙，時枝(ときえだ)文法，意味属性，人物呼称不転換のレトリック，人称代名彙の匿名性，三人称人称代名彙の誕生，人称代名彙の体系性と文法性

1. 人称代名彙とはなにか？―川端康成(かわばたやすなり)作『伊豆(いず)の踊子(おどりこ)』等を例として―

　日本語では，「カオル，カズミ，ヒフミ，ヒロミ」など男女共用の名前が数多くあり，名前だけでは性別がわからないことがある。たとえば，川端康成(かわばたやすなり)作『伊豆(いず)の踊子(おどりこ)』のヒロインの「踊子」「薫(かおる)」は女であり，『源氏物語』「宇治十帖」の主人公「薫大将(かおるだいしょう)」は男といった具合である。

　筆者は，学年始めに源氏物語の概説を行うのを恒例としているが，近年講義のあと，学生から「先生，薫というのは男ですか？　それとも女ですか？」という質問を受けるようになった。最初の内は，呆れて答える気にもなれなかったのだが，学力低下が叫ばれて久しくなった昨今では諦めて，「男ですよ。」と丁寧に教えることにしている。

　ところで，日本語では，「薫」が男であるのか，女であるのかは知識の問題で終わるのだが，英語ではそれでは済まない。男か女かがはっきりしないと，言語として表現することができなくなるからである。なぜならば，人物を登場させる場合，固有名詞で紹介した後，次は代名詞でそれを表現するのが英語の文章表現の規則だからである。また，英語の人称代名詞には男女の区別がある。したがって，男か女かがはっきりしていないと，代名詞が使用できない。使用すべき代名詞がわからなくては，センテンスを生成することは不可能ということになる。

　このことを川端康成作『伊豆の踊子』とサイデンスティッカー（E. Seidensticker）による英訳『The Izu Dancer』（『*Atlantic Monthly*』No.1, 1955）

とを比較することにより、確認してみよう。

川端『伊豆の踊子』

　それから、自分が栄吉、女房が千代子、妹が薫といふことなぞを教へてくれた。もう一人の百合子といふ娘だけが大島生れで雇ひだとのことだつた。栄吉はひどく感傷的になつて泣き出しさうな顔をしながら河瀬を見つめてゐた。

4

　引き返して来ると、白粉を洗ひ落とした踊子が路ばたにうづくまつて犬の頭を撫でてゐた。

サイデンスティッカー『The Izu Dancer』

　He said his own name was Eikichi, his wife was Chiyoko, the dancer, his sister, was Kaoru. The other girl, Yuriko, was a sort of maid. She was sixteen, and the only one among them who really from Oshima. Eikichi became very sentimetal. He gazed down at the river, and for a time I thought he was about to weep.

4

　On the way back, just off the road we saw the little dancer petting a dog. She had washed away her make-up.

　川端は踊子の本名がわかった後にも、彼女を「踊子」と呼称し続けている。これは不思議なことで、日本語の表現作法に反した行為である。日本語では、普通、本名がわかった後は、本名または代名詞で表現するのが普通なのである。実際、「千代子」「百合子」については、そのように扱っている。ところが、川端は「薫」にかぎってこの扱いをせず、作品の最後に至るまで「踊子」という普通名詞による呼称で通している。また、「彼女」という極めて小説的な呼称も採用していない。ここには、作者の強い意思が感じられる。

　川端は、「踊子」と呼称し続けることにより、学生である「私」の内なる幻影としての、乙女としての「踊子」を存在させ続けたかったのだ。彼女を「薫」

としてしまうと、彼女は栄吉一家の中に呼び戻され、平凡な日常の中に位置付けられてしまい、「私」と「踊子」との甘美な私的関係が破壊されてしまうと川端は危惧したのではなかろうか。

川端は、この作品に『伊豆の踊子』というタイトルを冠した時から、「踊子」で通すと覚悟していたものと推測される。途中から、「薫」としてしまっては、作品の主題が貫徹できないと考えたからであろう。

川端が『伊豆の踊子』で「踊子」「薫」に対して採用した方法を人物呼称不転換のレトリックと称することにする。

一方、サイデンスティッカーは「妹」と紹介されて、女であることが明白な「薫」に対して、ためらうことなく、「She, her」という女性用人称代名詞を使用している。サイデンスティッカーが「踊子」と使用し続けているこの作品の異常さに気付いていたいなかったに関わらず、英語における表現作法は人称代名詞の使用を強制する。訳者の恣意は許されないのである。そうして「She, her」の使用は定動詞など他の文法要素のありようを規制することになる。

英語においては、人称代名詞は文法的用語なのであるが、日本語における人称代名詞の文法的ふるまいは普通名詞と変わりがない。この点で、前節で述べた「固有名詞」と同じである。したがって、本書の扱いにしたがい、以後、「人称代名彙」という用語を用いることにする。ただし、文末表現と呼応するなどの文法的側面があることを断っておく。

「人称代名彙」とは、いわゆる「人称代名詞」が日本語では基本的には文法的用語ではなく、語彙論の用語であるということを明示的に示すために採用する用語である。

2. 人称代名彙の意味属性

前章で紹介した橋本（進吉）文法では形式を重視するので、「固有名詞」を一品詞として独立させなかったのと同様に、「人称代名詞」も一品詞として独立させず、名詞の下位区分としている。これに対して、言語の表現性を重視する時枝（誠記）文法では、一品詞として独立させている。

時枝は、「人称代名詞」の特徴を次のようなものと述べている。

・人称代名詞は，常に言語主体即ち話手と事物との関係を表現する場合にのみ用ゐられる語であるといふことである。(『日本文法口語篇』第二章 語論三詞ハ代名詞（一）)

時枝が指摘していることを明らかにするため，前節に習って言語形式と言語内容との関係を図式化してみる。

普通名詞			人称代名彙		
言語形式	[指示]	言語内容	言語形式	[指示]	言語内容
商人（しょうにん）	←→	商業を営む人。	私（わたし）	←→	関係の認識（話し手本人）
人（ひと）	←→	人類。また，その一員としての個人。	僕（ぼく）	←→	同上
			俺（おれ）	←→	同上
親（おや）	←→	父母の汎称。子を持つ者。	あなた	←→	関係の認識（聞き手）
			君（きみ）	←→	同上
兄（あに）	←→	同じ親から生まれた年上の男。	おまえ	←→	同上
			彼（かれ）	←→	関係の認識（話し手聞き手以外の第三者）
先生（せんせい）	←→	学校の教師。	彼女（かのじょ）	←→	同上

固有名彙の場合と異なり，人称代名彙の場合は，言語内容が普通名詞と相違する。普通名詞の言語内容は，社会的永続的一定の概念を表す。これに対して，人称代名彙の言語内容は，ある言語場における話し手・書き手の私的臨時的人間関係についての認識を表す。

言語内容が，話し手・書き手の個人の私的臨時的認識・言語活動という点で固有名彙に似ているが，固有名彙の場合は，標識機能というところに特徴があり，意味特性の点で普通名詞と異なったのであるが，人称代名彙の場合は，指示機能の点では普通名詞と等しい。相違は言語内容にあるので，意味属性の点で異なっているということべきであろう。

3. 人称代名彙の匿名性 (1) ―筒井康隆（つついやすたか）作『ロートレック荘事件（そうじけん）』の場合―

夏目漱石（なつめそうせき）作『坊（ぼ）っちゃん』の主人公兼語り手「坊っちゃん」の本名がどのようなものであったか，読者は永遠に知ることができない。

彼を親愛する「清（きよ）といふ下女」からは「坊っちゃん」という愛称や「あなた」

という人称代名彙で呼ばれ，同僚の「山嵐」たちからは「君」，校長の「狸」や教頭の「赤シャツ」などからは「あなた」または「君」と呼ばれる。

　自らは「是でも元は旗本だ。旗本の元は清和源氏で，多田の満仲の後裔だ。」（四）と素性は名乗るのだが，だからといって，「坊っちゃん」の姓が「多田」であるとすることはできない。あとは自称詞の「おれ」を多用するばかりで，一向に本名がわからないのである。

　人称代名彙が有する指示機能の特殊性は，ある言語場における人間関係ついての話し手・書き手の認識しか表さないというところにある。固有名彙の場合は，私的臨時的な関係にせよ，一端言語形式と言語内容との結び付きがなされ標識機能が付与されれば，後は言語形式は一定の個人を指示するようになるのだが，人称代名彙の場合，言語場を離れて社会的永続的に一定の個人を指示するという機能は決して付与されないのである。

　こういう人称代名彙の特殊性を推理小説のトリックに用いたのが筒井康隆であった。

　『ロートレック荘事件』の連続殺人犯は「浜口重樹」なのであるが，彼は八歳の時の事故で下半身の成長が止まるという悲劇の主人公でもあった。事故を起こしたのは同年齢の従兄弟の「浜口修」であった。彼らは語り手として登場する場合，ともに自称詞「おれ」を使用する。また，友人「工藤忠明」も語り手として登場する場合は「おれ」を使用する。そのため，「おれ」が誰を指示するのか読者は神経をすり減らすことになる。作者は巧みであり，第十六章「錯」の末尾の次の記述に至るまで，「浜口修」の存在に気付かれないように叙述している。

> ・おれを見つめていた全員が声にならない息を，あっ，と呑んだ。彼らは一様に，今まで何かに覆われていた眼が本来の視力をとり戻したかのような表情をした。
> 「嘘だ。重樹がやったんじゃない」浜口修が悲痛にそう叫び，おれを皆から護ろうとするかのように抱き上げて，渡辺警部になかば背を向けた。
> 「たとえ，重樹がやったんだとしても，それは重樹がやったんじゃない。ぼくがやったんだ」
> 　　　　　　　　　　　　　　　　　　　　　　（第十六章　錯）

「全員」ばかりか読者の「眼」をも「覆」っていたのは，「おれ」という人称代名彙であった。「浜口修」という固有名彙はここが初出である。登場人物たちには当然見えていた人物なのであるが，「おれ」の影に隠されて読者の目には全く見えなかった人物である。

筒井は人称代名彙の匿名性を推理小説のトリックに使用した最初の，そして恐らく最後の作家であろう。

4. 人称代名彙の匿名性（2）―夏目漱石作『明暗』などの場合―

夏目漱石が職業作家となってからの作品は全て新聞連載の形で発表されている。新聞連載の小説の場合，雑誌発表の作品や単行本書き下ろしの作品とは異なる表現技術を必要とする。一回一回の分量が少ないため，読者の興味を繋ぎ止める技を特に必要とするのである。このため，彼は種々の技法を開発しているが，人称代名彙の匿名性を利用することもその一つとなっている。

漱石最後の作品『明暗』が開始されて間もなくの第二回で，次のような主人公津田の自問自答が読者に提供される。

・「何うして彼の女は彼所へ嫁に行つたのだらう。それは自分で行かうと思つたから行つたのに違ひない。然し何うしても彼所へ嫁に行く筈ではなかつたのに。さうして此己は又何うして彼の女と結婚したのだらう。それも己が貰はうと思つたからこそ結婚が成立したに違ひない。然し己は未だ嘗て彼の女を貰はうとは思つてゐなかつたのに。偶然？　ポアンカレーの所謂複雑の極致？　何だか解らない」（二回）

読者は上の内言により，主人公津田には結婚して彼の妻となった「彼の女」と「彼所」へ嫁に行ってしまって別の男の妻となってしまった「彼の女」の二人の女がいることがわかる。そうして，この二人の女についての津田の疑問を共有することになる。この小説の主題は，最初の「彼の女」に関する謎に深く関与するのだが，読者はとにかく二人の「彼の女」とは誰のことかということが気になり，先を読みたいという意欲が刺激されることになる。

最初に正体が明らかになるのは，二番目の「彼の女」の方である。二番目の「彼の女」，津田と結婚し，彼の妻となった「彼の女」の名前が読者に知

らされるのは「六回」目である。したがって，連載が始まって一週間以内ということになる。作家は一週間ほど読者の気を引いたということになる。

・「おいお延(のぶ)」
  彼はふすまご襖越しに細君の名を呼びながら，すぐ唐紙を開けて茶の間の入口に立つた。(六回)

「細君の名」と親切に述べているので，読者の気掛かりの一つが解消される。ところで，一番目の「彼(あ)の女(をんな)」の本名が紹介されるのは，「百三十七回」目なのである。一週7回，一ヶ月30回で計算してみると，約五か月後ということになる。随分気をもたせたものだと感心するほかない。

・「貴方は其後清子(きよこ)さんにお會ひになつて」
  「いゝえ」
  津田の少し吃驚(びっくり)したのは，たゞ問題の唐突(たうとつ)な許(ばかり)ではなかつた。不意に自分を振り棄てた女の名が，逃がした責任を半分脊負(しょ)つてゐる夫人の口から急に洩れたからである。(百三十七回)

「清子」が一番目の「彼(あ)の女(をんな)」であることは，「自分を振り棄てた女の名」という表現により保証されている。

津田もびっくりしているが，読者もびっくりする。五か月も前に「彼(あ)の女(をんな)」と紹介されたまま，うち置かれた女の名前が唐突に飛び出したのである。

『明暗』は漱石23作目の作品で，最後の作品となったものである。職業作家としての経験を重ねた漱石は新聞連載小説のコツをこういう形で示している。

「彼女(かのじょ)」は人称代名彙であるが，「彼(あ)の女(をんな)」は「彼の」という，いわゆる指示詞と「女」という普通名詞とが組み合われたものなのであるが，全体としては，「彼女」と同様の意味機能を有していると判断してよかろう。なお，ここでなぜ漱石が「彼女」という人称代名彙を使用しなかったのかということについては後述する。

5. レトリックとしての人物呼称

職業作家としての処女作『虞美人草(ぐびじんそう)』においても，固有名彙をサスペンスを

生み出すものの一つとして活用しているが，これほどの引き延ばしはしていない。

『虞美人草』は二人の男たちが比叡山に登る場面から始められる。一人は「顔も体躯も四角に出来上がつた男」「四角な男」として登場し，他の一人は「細長い男」「痩せた男」として紹介される。そうして，二人の名前は，その回のうちにあっさりと読者に告げられている。

・「おい、君、甲野(こうの)さん」と振り返る。甲野(こうの)さんは細い山道に適当した細い体躯を真直ぐに立てた儘、下を向いて……（一）
・「いつの間に、こんなに高く登つたんだらう。早いものだな」と宗近(むねちか)君が云ふ。宗近(むねちか)君は四角な男の名である。（一）

この程度の引き延ばしでは，サスペンスというのが恥ずかしいほどであるが，「四角な男」とは？　「細長い男」とは？　という謎が読者の頭に浮かぶことは確かであろう。

経験を積んだ漱石は『三四郎』において，固有名彙を出し惜しみするようになっている

・只筋向ふに坐(すわ)つた男が、自分の席に帰る三四郎を一寸(ちょっと)見た。（一）
・髭を濃く生してゐる。面長(おもなが)の瘠(やせ)ぎすの、どことなく神主(かんぬし)じみた男であつた。（一）
・三四郎は様子を見てゐるうちに慥(たし)かに水蜜桃(すいみつとう)だと物色した。（三）

（三）の「水蜜桃(すいみつとう)」は「筋向ふに坐(すわ)つた男」「神主(かんぬし)じみた男」と同一人物で，汽車の中で「水蜜桃」を食したため，こう呼称される。近接法による一種の「あだ名」となっている。さて，この人物の固有名彙は，次のように明らかにされる。

・青木堂で茶を飲んでゐた人が、広田さんであると云ふ事を悟つた。（四）
・話題は端(はし)なく広田先生の上に落ちた。
「君の所の先生の名は何と云ふのか」
「名は萇(ちょう)」と指で書いて見せて、「草冠が余計だ。字引にあるかしらん。

5. レトリックとしての人物呼称

妙な名を付けたものだね」と云ふ。(四)

「広田さん」こと「広田 萇」という固有名彙は「四」という,この小説の半ばに至って,「三四郎」に認知され,それと同時に読者の前に提供されることになる。

考えてみると,私たちが人を知る場合,最初は,男・女,学生,出席者の一人など,普通名詞の形で出会い,関係が深まって固有名彙に至る。漱石の技法というより,この人間関係認知のルートを彼はなぞっただけなのかも知れない。しかし,小説世界は日常世界とはことなり,小説言語は日常言語とも異なる。実際,固有名彙から小説が始まることも少なくない。

- 金井 湛 君は哲学が職業である。(森鴎外『ヰタ・セクスアリス』)
- 信子は女子大学にゐた時から,才媛の名声を担つてゐた。(芥川 龍之介『秋』)
- 仙吉は神田の或秤屋の店に奉公して居る。(志賀直哉『小僧の神様』)

当の漱石も『門』においては,次のように固有名彙からいきなり書き始めることをしているのである。

- 宗助は先刻から縁側へ坐蒲団を持ち出して,日当りの好ささうな所へ気軽に胡座をかいて見たが,やがて手に持つてゐる雑誌を放り出すと共に,ごろりと横になつた。

小説言語は自由奔放であるから,日常生活のありようを忠実になぞる必要はない。それにもかかわらず,人物の立ち現れ方を日常生活でのそれに従うという表現方法は選び取られた叙述法ということになる。

漱石は読者の興味を引くために,固有名彙の出し惜しみを意識的に使用していたと判断される。次の『道草』の例を見れば,このことは一層確かなものと思われるであろう。

- すると車屋の少しさきで思ひ懸けない人にはたりと出會つた。(一)
- けれども彼にはもう一遍此男の眼鼻立を確める必要があつた。(一)
- 彼は此長い手紙を書いた女と,此帽子を被らない男とを一所に並べて考へ

るのが大嫌ひだつた。(二)

「思ひ懸けない人」「此男」「此帽子を被らない男」の固有名彙が明らかになるのは,「七」になってからである。

・「此間 島田に會つたんですがね」(七)

「島田」とは主人公健三のかつての養父である。養父との愉快とは言えぬ関係を思い起こしたくないという健三の心理が,固有名彙の出し渋りにより表されているのだと読み解くことも可能である。

また,「此長い手紙を書いた女」は養母なのであるが,その固有名彙の登場はさらに遅れる。

・健三も細君もお常の書いた手紙の傾向をよく覚えてゐた。(四十五)

漱石は,人物呼称を方法化し,一種のサスペンスを生み出すものとして活用していたと考えてよかろう。

6. 三人称人称代名彙の誕生

4節冒頭部で紹介した主人公津田の内言では「彼の女」という表現が使用され,「彼女」という人称代名彙は使用されていない。これにはわけがある。「彼女」という言葉は小説言語として誕生したばかりで,小説の地の文では使用可能だが,内言に用いると不自然さを伴ってしまうからである。

この辺の事情を漱石の作品群における「彼女」「彼」などの用例数を観察することにより明らかにする。

「He」の訳語として誕生した「彼」は初期の段階から使用され,漱石がサイコセラフィーとして小説を書き始めた段階から活発に使用されている。一方,「She」の訳語「彼女」の定着はかなり遅れる。『彼岸過迄』の「彼女」は「彼」の三分の一程度の使用率であるが,用例数から判断すれば,この段階でやっと定着したと考えてよかろう。小説言語として不可欠な「彼」と「彼女」は20世紀になって誕生した若い言葉なのであった。

発展問題

漱石作品の「女」「彼女(かのぢよ)」「彼女(かのをんな)」「彼の女(あをんな)」と「彼(かれ)」「男」

	女	彼女(かのぢよ)	彼女(かのをんな)	彼の女(あをんな)	彼	男
倫敦塔（M38）	32				10	8
吾輩は猫である（M38〜9）	106	1			1125	1
薤露行（M38）	66				3	14
坊つちゃん（M39）	25				1	53
草枕（M39）	142	1			15	71
虞美人草（M40）	250				8	129
三四郎（M41）	366		1		8	168
それから（M42）	56		2		309	70
門（M43）	24	7			240	70
彼岸過迄（M45）	236	163	6		608	207
行人（T1〜2）	304	266			455	109
心（T3）	73	3			275	65
明暗（T5）	160	896		6	1341	133

なお，「彼」「彼女」は今日に至っても十分日本語化したとは言えず，日常生活や子どもの言葉ではめったにお目にかからない。「彼」「彼女」は教養語であり，書き言葉的性質を帯びているのである。

■ 発展問題

時代別の人称代名彙の体系を示す下表を観察し，後の設問に答えなさい。

	一人称（自称）	二人称（対称）	三人称（他称）	不定
上代	あ／あれ わ／われ	な／なれ いまし みまし まし なむち		た／たれ
中古	わ／われ／われら あ／あれ まろ／まろら	な／なれ なむち（汝） なんだち（汝等）		た／たれ

	一人称（自称）	二人称（対称）	三人称（他称）	不定称
	やつかれ ＊なにがし ＊＊みづから	きむぢ まし お前，お事 まうと		
中世前期	わ／われ／われら まろ おれ ＊それがし ＊＊わらは	なんぢ お前 お事 貴殿 和殿／和殿原，わぬし 御辺，御坊 御身		た／たれ
中世後期	わたくし 身 身ども おれ	御身 おぬし おのれ われ こなた そなた そち 貴所 貴辺		た／たれ
近世前期	わたくし わたし わし／わしら おれ，こなた われ／われら ＊拙者 ＊身ども ＊手前ども ＊＊わちき ＊＊あちき	おぬし おのれ／おのれら われ／われら こなた／こなたがた そち そなた／そなた衆 お前／お前方 ＊＊こなさま（ん） うぬ／うぬら そのほう方		だ／だれ どなた
近世後期	わたくし わたし	お前／お前さん こなた		だ／だれ どなた

	一人称（自称）	二人称（対称）	三人称（他称）	不定称
	おれ おいら *僕	あなた おぬし 貴様・貴殿		
近代	わたくし あたくし わたし，あたし *おれ，おら，おいら あたい あっし／あっしら わし，わっち わて／わてら うち／うちら 吾輩，余 小生・自分 われわれ，我ら 私たち	あなた／あんたら／あんたがた きみ／きみたち（ら） お前／お前さん／お前さんたち てめえ／てめえら おめえ／おめえら 貴様／貴様ら 貴殿／貴殿たち（方） こなた そなた わごりょ	彼／彼等 彼女／彼女たち あいつ／あいつら そいつ／そいつら きゃつ／きゃつら やつ／やつら	だ／だれ／だれたち どなた どなたさま どなたさん どちらさま どちらさん

＊は男性専用語。＊＊は女性専用語。

問1 英語の一人称は「I」，二人称は「You」でそれぞれ一つ，中国語も一人称「我」，二人称「你」でそれぞれ一つである。これらに対して日本語では複数の人称代名彙がある。これはどのようなことを意味するのか？「あ／あれ」「わ／われ」の相違，「われ」と「まろ」の相違などを調べることにより考えてみよう。

問2 男性専用語や女性専用語がある理由について考えてみよう。

問3 三人称（他称）代名彙の発達が遅れた理由について考えてみよう。

問4 一人称，二人称の人称代名彙が豊富にあるのに対して，不定称の人称代名彙が貧弱である理由について考えてみよう。

問5 人称代名彙は語彙論の用語であるが，a〜fに観察されるように，文末表現と呼応するという点で文法の側面も有する。

　a　吾輩は　　猫　　である。
　b　私は　　　猫　　でございます。

```
　　c　わたしは　　猫　です。
　　d　おれは　　　猫　だ。
　　e　わしは　　　猫　じゃ。
　　f　自分は　　　猫　であります。
（ア）他の一人称代名彙についての呼応関係はどうなっているか，例示してみよう。
（イ）呼応関係をなすのは，文末表現だけではない。他に，どのような要素が呼応関係をなすか，調査してみよう。
```

■ 参考文献

1) 佐藤喜代治編『国語学研究事典』(明治書院，1977)
2) 小池清治・小林賢次・細川英雄・山口佳也編『日本語表現・文型事典』(朝倉書店，2002)
3) 山田孝雄『奈良朝文法史』(宝文館，1954)
4) 山田孝雄『平安朝文法史』(宝文館，1952)
5) 築島　裕『平安時代語新論』(東京大学出版会，1969)
6) 山田孝雄『平家物語の語法』(宝文館，1954)
7) 湯沢幸吉郎『室町時代言語の研究（風間書房，1958)
8) 湯沢幸吉郎『徳川時代言語の研究』(刀江書院，1936，風間書房，1962復刊)
9) 湯沢幸吉郎『江戸言葉の研究』(明治書院，1964)
10) 小島俊夫『後期江戸ことばの敬語の体系』(笠間書院，1974)
11) 田中章夫『東京語―その成立と展開―』(明治書院，1983)
12) 鈴木英夫「『当世書生気質』に見られる人の呼び方」(『共立女子短期大学部文科紀要』18，1974)
13) 橋本進吉「国語法要説」(『国語科学講座Ⅳ　国語学』明治書院，1934)
14) 時枝誠記『日本文法　口語篇』(岩波書店，1950)
15) 鈴木孝夫『ことばと文化　私の言語学』(『鈴木孝夫著作集1』，岩波書店，1999)
16) 野口武彦『三人称の発見まで』(筑摩書房，1994)
17) 小池清治・赤羽根義章共著『文法探究法』(朝倉書店，2002)
18) 『川端康成集』(筑摩書房，1968)
19) 『漱石全集四　虞美人草』(岩波書店，1994)
20) 『漱石全集五　三四郎』(岩波書店，1994)
21) 『漱石全集十一　明暗』(岩波書店，1994)
22) 筒井康隆『ロートレック荘事件』(新潮社，1990)

第6章 「こなた・そなた・あなた」はなぜ同じ，対称なのか？

【意味属性・指示彙】

キーワード：コソアド語，指示詞，指示彙，指示彙の体系，見掛けの不定称，真の不定称，現場指示，文脈指示，人称代名彙用法，コナタ系，ソナタ系，アナタ系

1. 指示彙とは？

「コソアド語」とも，「指示詞」とも称される単語の集合がある。これらは文法的単位ではない。そのことは，下に示した指示彙の体系を見れば明らかである。

指示彙の体系

		近称	中称	遠称	見掛けの不定称	真の不定称
代名詞	もの	コレ	ソレ	アレ	ドレ	ドレデモ，ドレカ
	ひと	コイツ	ソイツ	アイツ	ドイツ	ダレソレ，ダレカレ，ナニガシ
	方向	コッチ	ソッチ	アッチ	ドッチ，ドチラ	ドッチモ，ドッチカ
	選択	コッチ	ソッチ	アッチ	ドッチ，ドチラ	ドッチデモ，ドッチカ
	場所	ココ	ソコ	アソコ	ドコ	ドコデモ／カ，ドコソコ
連体詞	指示	コノ	ソノ	アノ	ドノ	ドノ…デモ，アル，サル
	様体	コンナ	ソンナ	アンナ	ドンナ	ドンナ…デモ，ドンナカ
副詞	様態	コウ	ソウ	アア	ドウ	ドウ…テモ／デモ
	分量	コンナニ	ソンナニ	アンナニ	ドンナニ，ナンボ	ドンナニ…テモ，ナンボデモ，ドンナニカ

「代名詞」「連体詞」「副詞」という文法的働きを異にするものを一つの文法的カテゴリーとしてまとめることは不可能である。これらの語群の共通点は「指示」という意味属性にある。したがって，いわゆる「指示詞」は「指示彙」として語彙論の用語と認定した方がよい。

普通,「ドレ,ドッチ,ドコ,ドノ,ドンナ,ドウ」は「不定称」とされるが,この扱いは正確ではない。「見掛けの不定称」に属する語は,「ドレがいい?」のように疑問表現の中で用いられるのが普通である。そうして,こういう場合の「ドレ」はなにものをも「指示」していない。この語の言語内容,すなわち意味属性は,「指示要求」なのである。しかし,言語形式の在り方は「コソア」に属する語群のそれに全く等しい。そういうわけで,本書では,これらを「見掛けの不定称」とし,「ナニナニ,ドコソコ」のように言語内容が指示という点で真に不定である語群を「真の不定称」と称することにする。基本的には疑問表現以外で用いられた不定称が「真の不定称」になるということもできる。

なお,漢語系の表現としては「某(ぼう)」が,「某所(ぼうしょ),某年(ぼうねん),某月(ぼうげつ),某日(ぼうじつ)」などのように,「真の不定称」として用いられる。また,「某(ぼう)」に対応する和語は「ある」であり,「ある所(ところ),ある年(とし),ある月(つき),ある日(ひ)」などの形で用いられる。

2. 指示彙から人称代名彙への転成—人称代名彙用法の特殊性—

指示彙の用法は現場指示の用法と文脈指示の用法とに二分するのが普通である。

現場指示の用法とは,眼前にある事物などを指示する用法のことである。一方,文脈指示の用法とは,過去の体験など眼前にない対象を指示する用法のことである。本章で考察の対象とするのは,主として,現場指示の用法についてである。

日本語の際だった特徴の一つに「指示詞」を数え,「人称代名詞」と関連させて科学的分析を加えたのは佐久間鼎(さくまかなえ)であった。

佐久間は「コソア」の関係について次のように述べる。

　　コ系の「指示詞」は話し手の勢力範囲にあるものを指示する。
　　ソ系の「指示詞」は聞き手の勢力範囲にあるものを指示する。
　　ア系の「指示詞」はどちらの勢力範囲にも属さないものを指示する。

このことを話し手からの相対的距離の観点で捉え直してみると,コ系は話し手に最も近く位置し,ア系は最も遠く,ソ系はその中間ということになる。そ

れで，コ系を近称，ソ系を中称，ア系を遠称と名付けられている。

佐久間はさらに，「人称代名詞」と関連させて，次のような表を示している。

	指示されるもの	
	対話者の層	所属事物の層
話し手	（話し手自身）ワタクシ　ワタシ	（話し手所属のもの）　コ系
相手	（話しかけの目標）アナタ　オマエ	（相手所属のもの）　ソ系
はたの人もの	（第三者）（アノヒト）	（はたのもの）　ア系
不定	ドナタ　ダレ	ド系

さて，ここで人称代名彙と対応させてみる。

	指示彙	人称代名彙
コナタ	近称	対称
ソナタ	中称	対称
アナタ	遠称	対称

　人称代名彙は指示彙から転成したものであるが，人称代名彙に転成すると同時に，指示彙で区別のあった「近称」「中称」「遠称」の相対的距離の区別を消失させてしまう。そうして，基本的には，聞き手，すなわち，「対称」になってしまうのである。これは一体どういうことを意味するのであろうか？

　あえて，繰り返すことにする。指示彙の在り方からすれば，話し手側を意味する「コナタ」は自称，聞き手側を意味する対称は「ソナタ」，話し手聞き手のどちらの勢力範囲にない対象を指示する言葉「アナタ」は他称となるべきところである。しかるに事実はそうなっていない。実際は三語とも対称を表す言葉となっている。不思議と言わざるをえない。転成の際に，一体，どのようなことがあったのだろうか。その間の機微について，次節以下で考察する。

3. 転成の様相——定説を疑う——

　指示彙においては，前述したように，コ系，ソ系，ア系は言語内容が異なる。

現場指示の場合を図示してみると次のようになる。

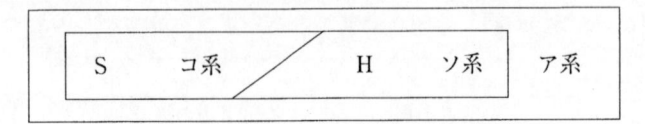

```
┌─────────────────────────────────────┐
│  S   コ系  /   H   ソ系  │  ア系   │
└─────────────────────────────────────┘
                          S＝話し手
                          H＝聞き手
```

　話し手・聞き手を核として，コ系は近称，ソ系は中称，ア系は遠称のように，言語内容が画然と区別されている。一方，人称代名彙の場合はコ系・ソ系・ア系のいずれも対称なのである。このように不整合な関係はどのようにして生じたのであろうか？
　まず，今日行われている定説を示し，これを疑うことにする。
　コ系の「人称代名詞」とされるものは，「ココ・コチ・コナタ・コナタさま・コナさま・コナさん，コナっさん・コナさあ，コナさ，コナん，コナはん」などあるが，紙幅の関係で「ココ」に関する今日の定説だけをまとめることにする。

　　自称　1）たけとり心惑ひて泣き伏せる所に寄りて，かぐや姫いふ，「ここにも心にもあらでかく罷るに，昇らんをだに見送りたまへ」といへども……　　　　　　　　　　　（竹取・かぐや姫の昇天）
　　　　　2）いとつれなくて，「あはれなる御譲りにこそはあなれ。ここには，いかなる心をおきたてまつるべきにか。めざましく，かくてはなど咎めらるまじくは，心やすくてもはべなむを…」
　　　　　　　　　　　　　　　　　　　　　　　　（源氏・若菜上）
　　　　　3）御使，そのまたの日，まだつとめて参りたり。「……山がつの譏りをさへ負ふなむ，ここのためもからき」など，かの睦ましき大蔵大輔してのたまへり。　　　　　（源氏・蜻蛉）

　これらのココは，自称の人称代名彙「われ」を用いてよいところであるが，指示彙のココを用いている。
　1）は，かぐや姫が養父の「竹取りの翁」に対して述べたもの。ここで，人称代名彙の「われ」を使用すると，翁と対等というニュアンスが生じてしまう。これ避け，卑下してココと称したものと考えられる。この例に限らず，人を指

すのに指示彙を用いるのは，人を人扱いしていないことを含意し，卑下，嫌み，尊大などの心情を付帯させるものとなる。

　2）は，老齢期にはいった夫光源氏より，内親王「女三の宮」との結婚話を聞かされた紫の上の質問である。彼女は，平気を装い，「ここには」と自らを表現する。謙遜の意を込めた表現ではあるが，皮肉が込められているとも読める。ここを「われは」と表現してしまうと，光源氏と同等という意味が内包されてしまい，紫の上の弱くはかない立場が表現されない。

・「なほ童心の失せぬにやあらむ，我(われ)も睦びきこえてあらまほしきを……」
　　　　　　　　　　　　　　　　　　　　　　　　（源氏・若菜上）

紫の上は，目下の女房たちに向かっては，自称の「我(われ)」を使用している。

　3）は，葬儀の段取りについて，なんらの相談も受けなかったことへの薫の憤りが，敢えてへりくだる「ここ」という指示彙を使用することにより表わされている。

　対称　1）「ここにも，もし知ろしめすことやはべりらんとてなむ。いと憚り多くはべれど，このよし申したまへ」と言ふ。
　　　　　　　　　　　　　　　　　　　　　　　　（源氏・明石）
　　　　2）「さはありとも，かの君と，前の斎院と，ここにとこそは，書きたまはめ」とゆるしきこえたまえば，「この数にはまばゆくや」と聞こえたまへば……　　　　　　　　　（源氏・梅枝）
　　　　3）「ここに御消息やありし。さも見えざりしを」　（源氏・紅梅）

　1）の「ここ」は，明石の入道の光源氏に向かっての発言中のもの。「こちら様」の意。「知ろしめす」と共起しているので，敬意は高い。

　2）は，光源氏が女性たちの筆跡について評論した際の発話で，紫の上を朧月夜の尚侍や朝顔の斎院と同列に扱ったもの。「ここ」には，親愛の情が込められている。

　3）は，真木柱が夫紅梅の大納言へ尋ねた表現。夫婦関係の睦ましさが込められている。

他称 1) ここもかしこもけしきばみうちとけぬ限りの，気色ばみ心深き
方の御いどましさに，け近くうちとけたりし，あはれに似るも
のなう恋しく思ほえたまふ。　　　　　　（源氏・末摘花）
2) 「先刻，一人ではじめようと思ってたところへ思ひがけなくここ
が来てくれましてね」　　　　　　　　（久保田万太郎・末枯）

　1）は，光源氏の心中思惟の中の表現。「ここ」は正妻葵の上を，「かしこ」
は愛人「六条の御息所」を意味する婉曲表現。

・この娘のありさま，問はず語りに聞こゆ。……「……次々さのみ劣りまか
らば，何の身にかなりはべらんと悲しく思ひはべるを，これは生まれし時
より頼むところなんはべる。……」……うち無きうち無き聞こゆ。
　　　　　　　　　　　　　　　　　　　　　　　　　（源氏・明石）

　明石の入道の問わず語りに現れる「これ」は「明石の君」を指し，「この娘」
の意であり，目に入れても痛くない程の鐘愛ぶりを表わしている。
　2）は近代の例であり，今日の日本語にも存在する用法。「こいつ」よりも丁
寧な表現である。
　ところで，以上の記述は，日本最大の国語辞書や大型古語辞典及び定評のあ
る古典文学全集などに記載されているところを参考にして行ったものであり，
今日の一般的考え，すなわち定説を示すものなのであるが，「ココ」が自称，
対称，他称を表すとするこの考えを信じてよいものなのであろうか。筆者は疑
わしいと考える。以下，その理由を述べる。

　　　a　コレはニャアニァアとなく動物です。　　コレ＝猫
　　　b　コレはワンワンと吠える動物です。　　　コレ＝犬
　　　c　コレはミンミンとなく動物です。　　　　コレ＝蝉
　　　d　コレは赤いチューリップです。　　　　　コレ＝チューリップ

　a～dの例により，コレの言語内容（意味）は，猫，犬，蝉，チューリップ
であると記述することは正しくない。もし，このような記述が正しいとすれば，
コレの意味は無数にあることになり，言語内容としてまとめることが不可能と

3. 転成の様相

なってしまうからである。コレの言語内容（意味）は近称の指示彙という記述が正しいということは明らかである。

同一共時態（11世紀初頭の京都貴族社会の言語，『源氏物語』の語彙）において，一つの単語（「ここ」）が同一意味領域（人間を指し示す表現）において，自称，対称，他称など三つの対立する言語内容（意味）を有すると記述することは，a〜dのコレの言語内容を猫，犬，蝉，チューリップとするようなものなのである。

残念ながら今日の定説は間違っているとするほかない。『源氏物語』語彙としてのココは近称の指示彙なのである。決して，人称代名彙ではない。

コ系の指示彙が人称代名彙に転成するのは中世末期のコナタ系の語彙の出現まで待つ必要がある。

コナタ系の語彙とは，「コナタ・コナタさま・コナさま・コナさん・コナっさん・コナさあ・コナさ・コナン」などをいう。これらは，すべて対称の人称代名彙として機能する。

コナタ＝中世末期に発生した語。対等・対等に近い目上を丁寧に呼ぶ語。男女共用。ソナタより敬意が高い。近世初期「コナタさま」が出現すると敬意が下がる。複数形としては「コナタ衆（しゅう）」がある。

コナタさま＝相手を敬って呼ぶ語。男女共用。女性，特に遊女が高い敬意をもって相手を呼ぶ時に用いる。

コナさま＝主として女性が敬意をもって目上を呼ぶ語。初期上方の遊女語。元禄期には上方の女性語となる。一部の男性も用いた。

コナさん＝近世初期の上方の遊女語。元禄期には上方の女性語となる。専ら女性が使用し，近世前期末には床屋・侠客・関取など一部の男性も用いた。近世後期には上方で男性も用いるようになる。待遇価値は下落する。文化・文政期には下層階級が対等関係で用いるようになり，近世後期の江戸語では侠客が使用する。「コナさあ・コンサ・コナン」などと簡略化する。簡略化の度合いが進むにしたがい敬意が下がり，親愛度が増す。

中世末期に，「汝（なんじ）」など代名彙が内包する対等性・直接性を避けるために，婉曲表現の一種として発生し，遊里の遊女語という人工語的要素が強く，女性

語として発達した。

ソナタ系の語彙の発生，発達もコナタ系と並行する。ソナタ系の語彙とは，「ソナタ・ソナタさま・ソナタがた・ソナタしゅう・ソナっちょう・ソナさま・ソナさん・ソナもの」などをいう。

ソナタ＝中世末期に発生した語。下位の相手，もしくは対等・あるいは目下を丁寧に呼ぶ語。「コナタ」より相手を低く待遇し，「ソチ」よりは待遇価値が高い。近世になると敬意を失い，対等もしくは目下に対して用いられた。複数形としては「ソナタがた方・ソナタしゅう衆・ソナタたち」などがある。

ソナタさま＝尊敬の気持ちで相手を呼ぶ語。多く女性が男性に対して用いた。「ソンタさん・ソノサマ・ソナさま・ソナさん」は「ソナタさま」の変化形。いずれも親愛の気持ちをもって相手を呼ぶ時用いる語。簡略化が進むにしたがい，程度が下がり親愛度が増す。

ソナタがた＝対称。対等もしくは下位の複数の相手に対して用いる語。
＊「がた」は「衆」「たち」よりも敬意が高く，「コナタ」にはよく付くが，「ソナタ」にはあまり付かない。敬意の段階は「コナタ」と「ソナタ」の中間にある。

ソナタしゅう＝「ソナタしゅ」とも。対称。対等もしくは目下の複数の相手に対して用いる語。「ソナタ方」より待遇度は低い。「ソナっちょう」は「ソナタしゅう」の変化した語。

ソナもの＝下位の者に向かって横柄に呼び掛ける語。

アナタ系の語彙の発生，発達はコナタ系・ソナタ系に比較し遅く，近世に入ってからである。アナタ系の語彙とは，「アナタ・アナタがた，アナタさま，アナタさん，アンさん・アンタ・アンタはん」などである。

アナタ＝近世中期に発生した語。対等または上位者を丁寧に呼ぶ語。宝暦（1751〜64）頃から使用される。貴男，貴女などとも書く。現在では，対等あるいは下位の者に用い，また，妻が夫に対して用いることもある。

「おまえ」に替わって最高段階の敬意を表わす対称代名詞として，

上方では宝暦ころから，江戸では明和（1764〜72）ころから見られる。文化（1804〜18）ころからは敬意の下限がさがり，近世末期には対等に使われる例もあるが，大正・昭和の初期までは比較的高い敬意を保った。しかし，今日では敬意が低下し，目上の者に対しては使われない。そのため，今日では，上位者に対しては「…さん」のように名前を用いたり，「…先生」「…部長」のように役職名を用いたりすることが多い。複数形は「アナタ方(がた)・アナタたち」。

アンタ＝近世後期に発生した語。上位者を敬って呼ぶ語。最初は上方の遊里で遊女が敬意を持ちながら親愛の情も示すものとして用い，後に上方では一般でも使用するようになるが，江戸では主として花街で用いられた。明治以降，関西では対等以上の親愛な関係で使用され，「アンタはん・アンさん」などの形も発生した。関東では使用度が低く，敬意も低下して，くだけた言い方として目下に用いる。複数形は「アンタ方(がた)・アンタたち・アンタら」など。

　人称代名彙としてのコナタ系・ソナタ系・アナタ系の語彙は中世末期から近世中期にかけて発生し，特に遊里の遊女の使用する語として発達している。遊里語は共通語の一種であるから，中世末期から活発化した人口の流動に対応するものとして発生し，発達したものと推測される。

　日本語の敬語の特徴を表すものに「敬意逓減(ていげん)の法則」というものがある。敬語に関する語は時代の経過に伴い，敬意が下がる傾向があるということを指摘したものである。人称代名彙は敬意と密接に関係する。先に発生したコナタ系・ソナタ系の敬意が時代の経過に伴って，敬意が下がり，「……さま／……さん」などの接尾語の付加では補いきれなくなった段階でアンタ系が発生したのであろう。したがって，当初はアナタ系は最高の敬意を表したものと考えてよい。

4. 人称代名彙としての他称の発達が遅れた理由

　ここで，敬意を含め，話し手と指示彙から転成した人称代名彙との関係を図示する。

話し手	聞き手		
	対称		
	コナタ系	ソナタ系	アナタ系
	中間	低い	高い	敬意

　指示彙の現場指示の用法に存在した，物理的距離の相違，すなわち，近称，中称，遠称の相違が人称代名彙では心理的距離に変換され，敬意の差として顕現するということになっている。
　アナタ系の敬意が最も高いのは，敬して遠ざけるという敬意が婉曲表現によりさらに高められたという結果であろう。
　ソナタ系の敬意が最も低いのは，ソ系が本来聞き手に属するものを表すため，婉曲表現の働きが機能しにくかったためであろう。
　コナタ系が中間の敬意を表すのは，近付けて親愛感を表すことが本来高い敬意を表すことにはなりえないという事情によるものであろう。
　さて，指示彙が可能性として有する，自称，他称の用法を振り捨て，対称にのみ限定された時に始めて，人称代名彙への道が開かれるのであった。前章で述べた「彼(かれ)」「彼女(かのじょ)」の発生が20世紀にずれ込んだのは，このような背景があったからである。
　「He」「She」の訳語として，「アレ・アナタ」「アノオンナ」「アノジョ」という言語形式も可能性としてはあったのであるが，アナタ系の指示彙は人称代名彙としては対称に固定してしまっていた。そういうわけで，古語ではほとんど死語化していた「カレ」が倉からひっぱり出され，また，その相手として「カノジョ」という和語＋漢語という奇形的な言語形式が作り出されたという次第なのである。
　「He」「She」を翻訳するという必要性が生ずる以前の日本語には，指示彙を他称（三人称）の人称代名彙に転用する必要性がなかったのである。これらは，今日の話し言葉と同様に，指示彙または普通名詞（役職名・官職名・親族名等）及び固有名彙で表されれば十分であったからなのである。

■ 発展問題

(1) 例文a～gの指示彙の用法を説明しなさい。
  a 年をとると，よくコウいうことがあります。急に物忘れが激しくなり，人の名を忘れて，失礼をしてしまうなどということです。
  b しっかりメモしたんだけど，ソレを持ってくるの，忘れちゃった。ごめんね。
  c アアいえばコウいうなど，口の上手な人がいますが，言い訳の多い人と思われ，信用されなくなります。
  d ソウコウしているうちに，夏休みも終わってしまった。
  e アノ高名な先生を君が知らないとは！
  f ソコの本屋で買ってきた週刊誌にコンナことが書いてあったよ。
  g 『出家とその弟子』の「ソノ」はどういう意味？

(2) 森鷗外・夏目漱石の作品中で使用されている「彼」「彼女」等を調べ，指示彙か人称代名彙かの判定をしなさい。
  森鷗外　1 舞姫（M23, 1890年）
    ①そが傍(かたはら)に少女は羞を帯びて立てり。彼（少女＝エリス）は優れて美なり。
    ②嗚呼(ああ)，相沢謙吉が如(ごと)き良友は世にまた得がたかるべし。されど我(わが)脳裡(のうり)に一点の彼（相沢謙吉）を憎むこころ今日(こんにち)までも残れりけり。
  2 雁（M44, 1911～T2, 1913）
    ③あきらめは此女(このおんな)の最も多く経験してゐる心的作用で，かれ（此女(この)＝お玉）の精神は此方角へなら，油をさした機関のやうに，滑かに働く習慣になつてゐる。
    ④若し非常に感覚の鋭敏な人がゐて，細かに末造を観察したら，彼(かれ)（末造）が常より稍(やや)能弁になつてゐるのに気が付くだらう。
  3 青年（M43, 1910～M44, 1911）
    ⑤先頃(さきごろ)大石に逢つた時を顧みれば，彼（大石(おほいし)猪太郎(けんたろう)）を大きく思つて，自分を小さく思つたに違ひない。
    ⑥兎(と)に角(かくれ)彼（お雪さん）には強い智識欲がある。それが彼（お雪さん）をして待つやうな促すやうな態度に出でしむるのである。
    純一はこう思ふと同時に，此娘(このあ)を或る破砕し易い物，壊れ物，

　　　　　　　　危殆なる物として，これに保護を加えなくてはならないやうに
　　　　　　　　感じた。
　　夏目漱石　1 倫敦塔（M38，1905）
　　　　　　　⑦八人の刺客がリチヤードを取り巻いた時彼（リチヤード二世）
　　　　　　　　は一人の手より斧を奪いて独りを斬り二人を倒した。
　　　　　　　⑧彼（あやしき女）は鴉の気分をわが事の如くに云ひ，三羽し
　　　　　　　　か見えぬ鴉を五羽居ると断言する。あやしき女を見捨てて余
　　　　　　　　は独りポーシヤン塔に入る。
　　　　　　　2 彼岸過迄（M45T1，1912）
　　　　　　　⑨だから敬太郎の森本に対する好奇心といふのは，現在の彼（森
　　　　　　　　本）にあると云ふよりも，寧ろ過去の彼（森本）にあると云つ
　　　　　　　　た方が適当かも知れない。
　　　　　　　⑩宵子の頭は御供の様に平らに丸く開いてゐた。彼女（幼女＝宵
　　　　　　　　子）は短い手をやつとその御供の片隅へ乗せて，リボンを抑え
　　　　　　　　ながら…
　　　　　　　3 明暗（T5，1916）
　　　　　　　⑪医者は活発にまた無造作に津田の言葉を否定した。併せて彼
　　　　　　　　（主人公＝津田）の気分をも否定する如くに。
　　　　　　　⑫細君は色の白い女であつた。その所為で形の好い彼女（津田の
　　　　　　　　妻＝延子）の眉が一際ひき立つて見えた。

■ 参考文献

1) 佐久間鼎『現代日本語の表現と語法』（厚生閣1936，改訂版1951，補正版くろしお出版，1983）
2) 三上　章『現代語法新説』（刀江書院，1955，復刊，くろしお出版，1972）
3) 三上　章『三上章小論集』（くろしお出版，1970）
4) 阪倉篤義『日本文法の話』（創元社1962，『改稿日本文法の話』教育出版1974）
5) 久野　暲『日本文法研究』（大修館書店，1973）
6) 堀口和吉「指示語『コ・ソ・ア』考」（『論集日本文学日本語』5，角川書店，1978）
7) 堀口和吉「指示語の表現性」（「日本語・日本文化」，大阪外国語大学，1978）
8) 大野　晋『日本語の文法を考える』（岩波新書，1978）
9) 正保　勇「『コソア』の体系」（日本語教育指導参考書8『日本語の指示詞』国立国語研究所，1981）
10) 金水　敏「代名詞と人称」（『講座日本語と日本語教育　4巻　日本語の文法・文体（上）』

明治書院,1989)
11) 金水　敏・他『日本語文法セルフマスターシリーズ4　指示詞』(くろしお出版,1989)
12) 金水　敏「方向と選択―コチラ類の指示詞―」(「日本語学」9-3,明治書院,1990))
13) 堀口和吉「指示詞コ・ソ・アの表現」(「日本語学」9-3,明治書院,1990)
14) 春木仁孝「指示対象の性格からみた日本語の指示詞―アノを中心に―」(「言語文化研究」17,大阪大学言語文化部,1991)
15) 金水　敏・田窪行則編『指示詞』(ひつじ書房,1992)
16) 迫田久美子『中間言語研究―日本語学習者による指示詞コ・ソ・アの習得』(渓水社,1998)
17) 小池清治・小林賢次・細川英雄・山口佳也編『日本語表現・文型事典』(朝倉書店,2002)

第7章　なぜ笹の雪が燃え落ちるのか？

【体の語彙・自然語彙】

キーワード：語彙的意味体系，語彙的意味区分，語彙表，連語的観点

1. 自然とは何か

「自然」は漢語であり，和語で訓じれば「おのづからしかる」となる。広義の自然は，森羅万象（宇宙）を指すから，人間も自然に含まれることになる。英語"nature"の原義も，同様である。しかし，今日では，慣用的に，むしろ人間の営みと対立するもの，人間や動植物と対立するものを指すことが多い。

2. 宮沢賢治の心象スケッチにみる自然語彙

言語資料として，宮沢賢治の心象スケッチを取り上げ，その語彙的特質を探る。人間の様々なおもいがものごとに託されてどのように表現されるかというプロセスをたどりたい。語彙について，量的観点からだけでなく，質的観点（連語的観点など）からも取り上げてみる。

まず，心象スケッチ『春と修羅』第一集のなかの《春と修羅》という見出し表題のある心象スケッチ19編（1922.1.6～1922.5.17の日付のもの）について，心象スケッチの表題も含めて，自然語彙に属すると思われる語を抜き出す。

自然の定義にも様々あるが，ここでは，日常生活のなかで人間からみた日月や風雨，山川などを指し，人間や動物，植物，鉱物，人工物などは含めない。

また，自然現象のうごきやさまを表す語も含めない（名詞に限定する）。

連語のなかで単語を捉えてみる。単語を構成する形態素にも着目する。たとえば，「天山」の意味には，心象として《天》と《山》が生起しているから，《天》に関わる語彙としても，《山》に関わる語彙としても，カウントされる。

二度目の抜き出しでは，☆印をつける。固有名については，＊印をつける。レトリック・象徴などの可能性についても，視野に入れる。単語群のまとまりのそれぞれに見出し語（小語彙名）をつける。見出し語には，いくつかの段階（上位概念・下位概念）が示されることになる。

『宮沢賢治全集Ⅰ』（ちくま文庫）を基礎資料として用いることとし，抜き出した語のあとに括弧書きで表題の頭文字（1～3字）および頁数を示す。表記が異なるときは，異なる語として扱っておく。延べ語数を数字で，異なり語数を〔　〕内数字で示す。

天体　　　17〔10〕

　　日は～小さな天の銀盤で～かけてゐる（日輪22）　　　日3 ─┐
　　日にひかり（風景39）日に光るのは（風景39）　　　　　　　├ 《日》　6
　　お日さまはそらの遠くで白い火を（丘の23）　　お日さま1 ─┘　〔3〕
　　日輪と太市（日輪22）日輪青くかげろへば（春と30）　日輪2
　　青ぞらにとけのこる月は（有明34）　　　　　　　　月1 ─┐《月》　2
　　有明（有明34）　　　　　　　　　　　　　　　　　有明1 ┘　〔2〕
　　青じろい骸骨星座の（ぬす27）　　　　　　　　　　星座1　《星》　1
　　　　　　　　　　　　　　　　　　　　　　　　　　　　　　　　〔1〕
　　小さな天の銀盤で（日輪22）　　　　　　　　　　　天5 ─┐
　　れいろうの天の海には（春と29）
　　陥りくらむ天の椀から（春と30）
　　ひのきもしんと天に立つころ（春と31）　　　　　　　　　├《天》　7
　　やさしく天に咽喉を鳴らし（有明34）　　　　　　　　　　　　　〔3〕
　　シベリヤの天末（丘の23）　　　　　　　　　　　　天末1
　　天山の雪の稜さへひかるのに（春と30）　　　　　　天山1 ┘
　　松とくるみは宙に立ち（おき44）　　　　　　　　　宙1　《宙》　1
　　　　　　　　　　　　　　　　　　　　　　　　　　　　　　　　〔1〕

気象　　　58〔18〕

　　そらから雪はしづんでくる（丘の23）　　　　　　　そら9 ─┐
　　そらの遠くで白い火を（丘の23）
　　雲はちぎれてそらをとぶ（春と30）

そらに息つけば(春と31) そらのみぢんにちらばれ(春と32)
春の禁慾のそら高く(雲の38) そらに飛びだせば(風景39) 　《空》　12
そらにも悪魔がでて来てひかる (休息43) 　　　　　　　　　　　〔2〕
風はそらを吹きそのなごりは草をふく(おき44)
鳥はまた青ぞらを截る(春と31)
青ぞらにとけのこる月は(有明34)
青ぞらは巨きな網の目になつた (休息43)　　青ぞら 3 ┐
四月の気層のひかりの底を(春と29)　　　　 気層 2 ┤
気層いよいよすみわたり(春と31)　　　　　　　　　　　《気》　3
まばゆい気圏の海のそこに(春と31)　　　　 気圏 1 ┘　　　〔2〕
どこかの風に(丘の23)　　　　　　　　　　 風 7 ┐
聖玻璃(せいはり)の風が行き交ひ(春と30)
風が吹くし(雲の38) また風が来てくさを吹けば(風景39)　《風》　7
風は青い喪神をふき(風景39) 風はそらを吹き(おき44)　　　〔1〕
風の中からせきばらひ(かは45)
かげろふの波と(春と30)　　　　　　　　　 かげろふ 1 ┐
陽ざしとかれくさ(陽ざ36)　　　　　　　　 陽ざし 1 ┤《陽》　4
ひでりはパチパチ降つてくる(休息43)　　　 ひでり 1 ┤　　〔4〕
ぎらぎらの丘の照りかへし(丘の23)　　　　 照りかへし 1 ┘
向ふの縮れた亜鉛の雲へ(屈折20)
雲がその面をどんどん侵して(日輪22)　　　 雲 14 ┐
砕ける雲の(春と29) 雲はちぎれてそらをとぶ (春と30)
玉髄の雲がながれて(春と30)
雲の火ばなは降りそそぐ(春と32)
雲の棘をもつて来い(陽ざ36) 雲の信号(雲の38)　　　　《雲》　15
そのとき雲の信号は〜そら高く掲げられてゐた(雲の38)　　　〔2〕
雲はたよりないカルボン酸(風景39)
雲はたよりないカルボン酸(風景39)
雲には白いとこも黒いとこもあつて(休息42)
雲はみんなむしられて(休息43) うかぶ光酸(くわうさん)の雲(おき44)

2. 宮沢賢治の心象スケッチにみる自然語彙

　くもにからまり（春と29）　　　　　　　　　　　くも1 ─┐
　雨はぱちぱち鳴つてゐる（休息42）　　　　　　　雨1　《雨》　1
　でこぼこの雪をふみ（屈折20）くらかけの雪（くら21）　雪9 ─┐　　〔1〕
　くらかけつづきの雪ばかり（くら21）
　くらかけ山の雪ばかり（くら21）
　そらから雪はしづんでくる（丘の23）
　笹の雪が燃え落ちる（丘の24）　　　　　　　　　　　　　《雪》　11
　雪と蛇紋岩（サーベンタイン）との山峡（さんけふ）をでてきましたのに（カー25）　　　　　　　〔3〕
　天山の雪の稜さへひかるのに（春と30）
　起伏の雪はあかるい桃の漿（しる）をそそがれ（有明34）
　朧（おぼ）ろなふぶきですけれども（くら21）　　　　　ふぶき1
　吹雪（フキ）も光りだしたので（日輪22）　　　　　吹雪1 ─┘
　薄明どきのみぞれにぬれたのだから（カー25）　みぞれ1　《霙》1〔1〕
　氷霧（ひょうむ）のなかで（コバ26）　　　　　　　　氷霧1　《霧》1〔1〕
　光パラフキンの蒼いもや（陽ざ36）　　　　　もや3 ─┐
　光パラフキンの蒼いもや（陽ざ36）　　　　　　　　　《靄》　3
　あたまの奥のキンキン光つて痛いもや（習作40）　　　　　　　〔1〕

地形　　22〔17〕

　山はぼんやり（雲の38）山はぼんやり（雲の38）　山2 ─┐
　くらかけ山の雪ばかり（くら21）　　　　　　　くらかけ山1
　コバルト山地（コバ26）コバルト山地の（コバ26）　山地2　《山》　8
　天山の（春と30）☆　　　　　　　　　　　　　　天山1　　　〔6〕
　山峡（さんけふ）をでてきましたのに（カー25）　　山峡1
　雪の稜さへ（春と30）　　　　　　　　　　　　　稜1 ─┘
　丘の眩惑（丘の23）　　　　　　　　　　　　　　丘1　《丘》　1
　喪神の森の（春と31）　　　　　　　　　　　　　森1 ─┐　〔1〕
　七つ森の（屈折20）　　　　　　　　　　　　　七つ森1　《森》　3
　毛無森（けなしのもり）の（コバ26）　　　　　　　　　毛無森1　　　〔3〕
　はやしも（くら21）　　　　　　　　　　　　　　はやし1　《林》1〔1〕

野の緑青の縞のなかで(真空49)	野1 ┐	《野》	3
野はらも(くら21)			
野はらのはては(丘の23)	野はら2 ┘		〔2〕
草地の黄金を(春と31)	草地1 ┐	《地》	2
腐植の湿地(春と29)	湿地1 ┘		〔2〕
れいろうの天の海には(春と29)	海2 ┐	《海》	2
まばゆい気圏の海のそこに(春と31)	┘		〔1〕
かはばた(かは45)	かはばた2 ┐	《川》	2
かはばたで鳥もゐないし (かは45)	┘		〔1〕

要素など　　27〔20〕

かげろふの波と白い偏光(春と30)	波1	《波》1	〔1〕
岩頸だつて(雲の38)	岩頸1 ┐	《岩》	2
岩鐘だつて(雲の38)	岩鐘1 ┘		〔2〕
すなつちに廐肥をまぶし(風景39)	すなつち1	《砂》1	〔1〕
すなつちに廐肥をまぶし(風景39) ☆	すなつち1 ┐	《土》	2
修羅のなみだはつちにふる(春と31)	つち1 ┘		〔2〕
凍えた泥の乱反射をわたり (ぬす27)	泥1	《泥》1	〔1〕
水の中よりもつと明るく (屈折20)	水2 ┐	《水》	2
せいしんてきの白い火が水より強く(コバ26)	┘		〔1〕
氷霧のなかで(コバ26) ☆	氷霧1	《氷》	1
白い火をどしどしお焚きなさいます(丘の23)	火4 ┐		〔1〕
あやしい朝の火が燃えてゐます(コバ26)		《火》	5
せいしんてきの白い火が〜燃えてゐます(コバ26)			
透明薔薇の火に燃される(恋と28)	┘		〔2〕
雲の火ばなは降りそそぐ(春と32)	火ばな1		
くろぐろと光素(エーテル)を吸ひ(春と30)	光素1	《光素(エーテル)》	1
四月の気層のひかりの底を(春と29)	ひかり2 ┐		〔1〕
散乱のひかりを呑む(有明34)	┘		
光のなかの二人の子(かは45)	光1		

3. 自然語彙の意味体系　　　　　　　　　　　　　　　73

かげろふの波と白い偏光(春と30)	偏光1	《光》　8
春光呪咀(春光33)	春光1	〔6〕
幾きれうかぶ光酸の雲（おき44）	光酸1	
光(くゎう)パラフキンの蒼いもや(陽ざ36)	光パラフキン2	
光パラフキンの蒼いもや（陽ざ36）		
電しんばしらの影の(丘の23)	影1	《影》1〔1〕
風景はなみだにゆすれ(春と29)	風景2	《風景》　2
二重の風景を(春と31)		〔1〕

3. 自然語彙の意味体系

　見出し語を構成すれば，この心象スケッチ《春と修羅》19編における語彙的意味体系の一部が視えてくる。

　ここでは，古辞書における意味分類「天地」(「天象」「地儀」)を参考に，自然（生物とその活動を除く）を天体と大地（地形）に区分し，その中間に位置する気象を加えて，三層構造で捉えた。また，語数が少なく，いずれにも分類しがたい自然要素，自然エネルギー，抽象的自然などを《要素など》としておく。

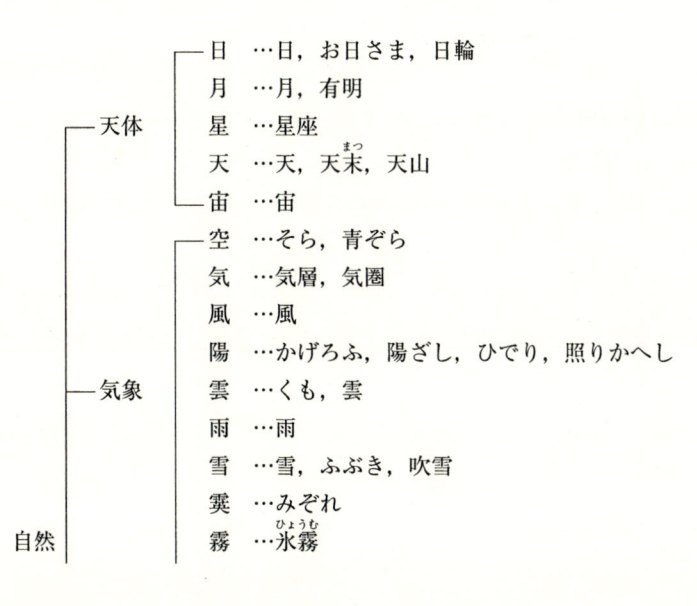

```
          ┌─ 日 …日，お日さま，日輪
          │  月 …月，有明
     ┌ 天体 ─ 星 …星座
     │    │  天 …天，天末(まつ)，天山
     │    └─ 宙 …宙
     │
     │    ┌─ 空 …そら，青ぞら
     │    │  気 …気層，気圏
     │    │  風 …風
     │    │  陽 …かげろふ，陽ざし，ひでり，照りかへし
     ├ 気象 ─ 雲 …くも，雲
     │    │  雨 …雨
     │    │  雪 …雪，ふぶき，吹雪
     │    │  霙 …みぞれ
自然 ─    └─ 霧 …氷霧(ひょうむ)
```

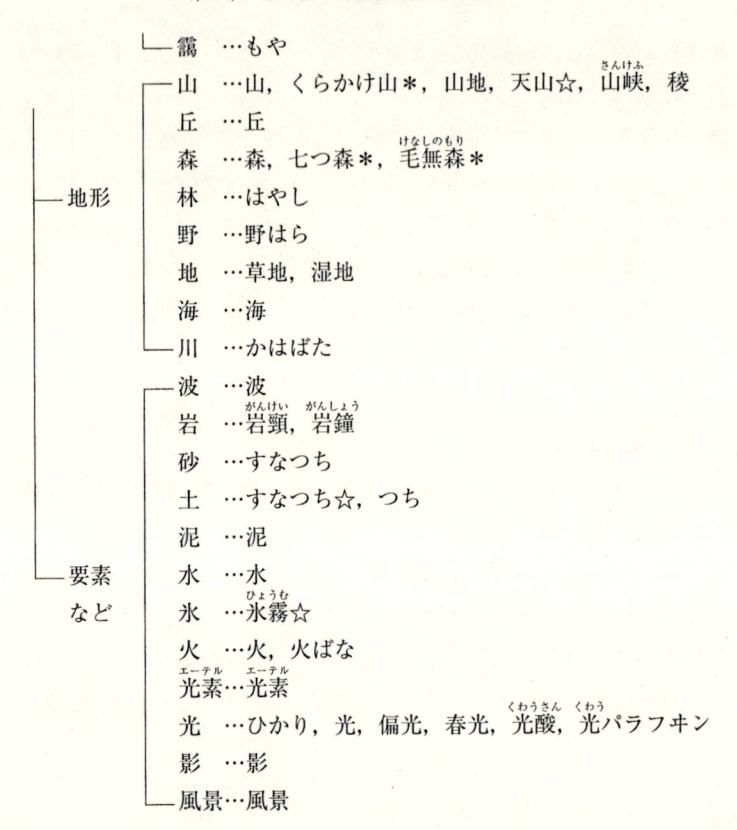

```
         ┌ 靄  …もや
         ├ 山  …山，くらかけ山*，山地，天山☆，山峡(さんけふ)，稜
         │ 丘  …丘
         │ 森  …森，七つ森*，毛無森(けなしのもり)*
 ┌ 地形  ┤ 林  …はやし
 │       │ 野  …野はら
 │       │ 地  …草地，湿地
 │       │ 海  …海
 │       └ 川  …かはばた
 │       ┌ 波  …波
 │       │ 岩  …岩頸(がんけい)，岩鐘(がんしょう)
 │       │ 砂  …すなつち
 │       │ 土  …すなつち☆，つち
 │       │ 泥  …泥
 ┤       │ 水  …水
 │ 要素  ┤ 氷  …氷霧(ひょうむ)☆
 │ など  │ 火  …火，火ばな
 │       │ 光素(エーテル)…光素(エーテル)
 │       │ 光  …ひかり，光，偏光，春光，光酸(くわうさん)，光(くわう)パラフヰン
 │       │ 影  …影
 └       └ 風景…風景
```

　ある地形を示す固有名「くらかけ山」「七つ森」「毛無森」については，単なる標示ではなく，自然の概念も示される。賢治の意識のなかでは，例えば「くらかけ山」は「鞍を掛けたような山」という東北の地における集合的無意識と響き合う意味が息づいている。自然語彙に含めておく。

　賢治の心象スケッチ群は詩のスタイルを取っていて，いずれの語もレトリカルであり象徴的である。喩える（象徴する）語そのものの意味と喩えられる（象徴される）意味とを二重に響かせている。

　　　光(くわう)パラフヰンの蒼いもや（陽ざ36）　　　　┐
　　　あたまの奥のキンキン光つて痛いもや（習作40）　　┘《靄》
　　　れいろうの天の海には（春と29）　　　　　　　　　　┐《海》

　　　　　　　　　　　　　　　　　　　　4. 語彙表および使用比率　　　　75

　　まばゆい気圏の海のそこに（春と31）　　　　　┐
　　笹の雪が燃え落ちる（丘の24）　　　　　　　　　　　《雪》あ
　　やしい朝の火が燃えてゐます（コバ26）　　　　┐　《火》
　　せいしんてきの白い火が～燃えてゐます（コバ26）┘

　「もや」「海」で喩えられる意味は，それぞれ気象でも地形でもない。「雪」「火」では，その語の意味と象徴される意味とが二重に響いている。
　宮沢賢治の心象には〈靄〉〈海〉〈雪〉〈火〉が映じていて，外界に「靄」「海」「雪」「火」があるかないかに拘らず，心象としては実在している。実在する心象をそのままスケッチする。知覚された心象も想像された心象も，心象的実在という点では区別されない。
　ここでは，レトリック・象徴という次元を越えて，すべて心象的に実在する意味として捉える。
　同様に，「天山」には〈天〉と〈山〉という心象が，「氷霧」には〈氷〉と〈霧〉という心象が現れるから，重複して抜き出される。意味区分に際して，形態素にも着目することになる。語彙量の扱いに際して，注意を要する。

4. 語彙表および使用比率

　ここで，延べ語数と異なり語数を含む語彙表をつくってみよう。それぞれの自然語彙のなかでの使用比率も併せて示す。

語彙	延べ語数	異なり語数	語彙的意味区分による延べ（異なり）語数
天体	17 (14％)	10 (15％)	天7(3)　日6(3)　月2(2)　星1(1)　宙1(1)
気象	58 (47％)	18 (28％)	雲15(2)　空12(2)　雪11(3)　風7(1)　陽4(4) 気3(2)　靄3(1)　雨1(1)　霙1(1)　霧1(1)
地形	22 (18％)	17 (26％)	山8(6)　森3(3)　野2(1)　地2(2)　海2(1)　川2(1) 丘1(1)　林1(1)
要素 など	27 (22％)	20 (31％)	光8(6)　火5(2)　土2(2)　水2(1)　岩2(2)　風景2(1) 光素1(1)　砂1(1)　泥1(1)　氷1(1)　波1(1)　影1(1)
自然	124 (100％) 実数121	65 (100％) 実数62	・雲15　空12　雪11　山8　光8　天7　風7　日6　火5 ・山(6)　光(6)　天(3)　日(3)　雪(3)　森(3)

まず，目を惹くのは，気象語彙の延べ語数の多さであり，自然語彙の延べ語数の5割弱を占める。天体語彙と気象語彙の延べ語数を合わせると（古人のいう「天象」に相当する），自然語彙の延べ語数の6割を占める。要素などの語彙，地形語彙の延べ語数がそれぞれ自然語彙の延べ語数の2割程度を占める。

語彙量（異なり語数）についていえば，自然語彙の異なり語数に対して，要素などの語彙，気象語彙がそれぞれ3割程度，地形語彙が2割5分程度，天体語彙が1割5分を占める。

延べ語数を異なり語数で割ると，一語あたりの平均使用度数が得られる。

気象語彙では，一語あたりの平均使用度数は3.2回で，同じ語が頻繁に用いられていることがわかる。天体語彙では1.7回，要素などの語彙では1.4回，地形語彙では1.3回であるから，一つの語が一回しか用いられないことも多いことがわかる。

語彙的意味区分による延べ語数では，「天象」語彙に属する《雲，空，雪，天，風，日》の使用度数が多く，地形語彙では《山》という地形のなかでは天や空に近い上方にあるもの，要素などの語彙では《光，火》という自然エネルギーを表すものの使用度数が多い。《光》は《日》《月》と関わりが深い。

以上のことから，宮沢賢治の心象として現れる自然は，視線が地上の人間の視点より上方に向かうものが多いことがわかる。《雲，空，雪，山，天，風，光，日》と使用度数順に並べてみると，土着の住人の視点から東北の自然を色濃く投影しているといえる。また，《雲，風，光，日，火》と並べてみると，その自然を現象させるエネルギーも心象として映じているといえる。

5. 連語的観点からみた語彙の特徴

語の呼応も含めた連語的観点から語彙の特徴を探る方法もある。

《日》の語彙は，「日」「お日さま」「日輪」の3語から成る。「日」は和語の常語，「お日さま」は和語の敬語で幼児語，「日輪」は漢語の常語である。動詞との連関をみると，「日」は「日に光る」「日は～かけてゐる」，「日輪」は「日輪～かげろふ」という形で用いられる。〈日—光る〉〈日輪—かげる〉という対応が認められる。「お日さま」は「お日さまは～お焚きなさいます」という形で用いられる。童話ふうの語り口で擬人化し，敬語によって呼応して，待遇表

5. 連語的観点からみた語彙の特徴

現の一致がみられる。形容詞との連関をみると，「日輪」は「「日輪青くかげろへば」という脈絡で用いられる。〈日輪—青い〉という対応は，非日常的で斬新であり，〈日輪—かげる〉という対応と相俟って，不吉な心象をもたらす。名詞との連関をみると，「日」は「日は〜小さな天の銀盤で」という形で用いられ，間接的に〈日—天〉という〈対象—場所〉の対応が認められるほか，〈日—小さな天の銀盤〉という比喩関係によって，〈日—銀盤〉という対応が類似関係として認められる。「日」は「日は〜雲がその面をどんどん侵してかけてゐる」という脈絡で用いられ，〈雲—侵す〉〈日—かける〉という因果関係によって，〈日—雲〉という対応が敵対関係として認められる。「お日さま」は「お日さまはそらの遠くで白い火をどしどしお焚きなさいます」という脈絡で用いられ，〈日—空〉という〈対象—場所〉の対応が認められるほか，〈日—火〉という対応が「日が火を焚く」という新しい童話的・神話的・科学的な発想に基づいて生み出される。「日輪」は「日輪と太市」（題名）という形で用いられ，自然と個人が同じ資格で対峙するように対応している。

《雲》の語彙は，「雲」「くも」の2語から成る。同じ和語であるが，漢字とひらがなという文字表記の違いがある。動詞との連関をみると，「縮れる」「侵す」「砕ける」「ちぎれる」「とぶ」「ながれる」「むしられる」「うかぶ」「からまる」と対応し，「雲」に対する宮沢賢治の独特の激しいイメージが付与される。すなわち，心象としての雲は，よじれ縮れちぎれ砕けむしられ，うかびながれ，とび侵すもので，宮沢賢治自身の精神的エネルギーと重ね合わせられる。運命によって迫害される苦悩から自虐的な虚無を経て，反転して自暴自棄的に何ものかに向かって行く。名詞との連関をみると，「雲の火ばな」「雲の棘」という表現に，「雲」すなわち宮沢賢治自身の精神的エネルギーの激しい攻撃的な属性として「火ばな」「棘」が示され，それぞれ「降りそそぐ」「もつて来る」（「もつて来い」という命令形で）という動詞と対応する。「雲の信号」という表現に，精神的エネルギーの通信能力あるいは交感能力が示され，「もう青白い春の禁欲のそら高く掲げられてゐた」という述部に後続して，宮沢賢治の性的懊悩と宗教的希求との葛藤が示される。「亜鉛の雲」「玉髄の雲」「光酸(くわんさん)の雲」「雲はたよりないカルボン酸」などの表現では，〈鉱物—雲〉は〈喩えるもの—喩えられるもの〉という関係になっているが，むしろ心象として鉱物語彙と重

ね合わされていると捉えた方がよいかもしれない。「雲はちぎれてそらをとぶ」「雲はみんなむしられて青ぞらは巨きな網の目になつた」などの表現では、〈雲―空〉という〈現象―場〉〈対象―場所〉〈図―地〉の対応が認められる。「あけびのつるはくもにからまり」という表現では、〈あけびのつる―雲〉という異質のものの斬新な取り合せによって、視点の転換が示されている。

　《雪》の語彙は、「雪」「ふぶき」「吹雪（フキ）」の３語から成る。「雪」は和語で漢字表記、「ふぶき」は和語の複合語でひらがな表記、「吹雪」は和語の方言でカタカナのルビ付きの漢字表記である。延べ語数は11例で《雨》に比べて多く、東北の風土を想わせる。動詞との連関をみると、「雪」は「ふむ」「ひかる」（2例）「しづんでくる」「燃え落ちる」「そそがれる」と対応する。〈雪―ふむ〉という対応は、雪国の自然のなかで暮す人間の営みの基本である。〈雪―降る〉という一般的な対応はみられない。〈雪―光る〉という対象と明暗の対応で用いられる。「ひとかけづつきれいにひかりながらそらから雪はしづんでくる」という表現には、東北の風土からくる沈鬱さが示されるだけでなく、聖なる天と俗なる地という対照も示される。「笹の雪が燃え落ちる」という表現は、矛盾した内容の衝突による逆説的な（マニエリスムふうの）斬新な表現である。「（お日さまはそらの遠くで白い火をどしどしお焚きなさいます）」から続くので、日が昇るにつれ、雪がどんどん溶けていくことの比喩である（「燃え落ちる」は「火」の縁語になっている）。そのまま宮沢賢治の激しい眩惑的な心象でもある。「起伏の雪はあかるい桃の漿（しる）をそそがれ」という表現は、明け方に陽の光が雪山に射す情景の比喩である。「吹雪（フキ）」は「光りだす」と対応する。〈雪―光る〉という対応の延長線上にある。名詞との連関をみると、「雪」は「くらかけ」「くらかけつづき」「くらかけ山」「のぞみ」「そら」「笹」「蛇紋岩（サーペンタイン）」「山峡（さんけふ）」「天山」「稜」「起伏」と対応する。雪を被る山（の形状）という結びつきが強い。〈雪―のぞみ〉という対応には、東北の自然を生きる宮沢賢治自身の個人的な思い入れがこめられている。「ふぶき」は「酵母」とレトリック関係（比喩）によって対応する。「吹雪（フキ）」は「太市」「毛布（けっと）」「ズボン」と対応し、東北の自然を生きる具体的な人間の生活の営みを感じさせる。

6. 想像力の素材としての自然語彙

宮沢賢治の精神的な眼あるいは想像力の手は，大地に根ざしながら，聖なる天に向かって，上昇する。天地の間の気象に，賢治の激しい生々しい想いが託される。天からの信号によって，日常的な風景と精神的な心象風景とは二重映しに一体化する。心象を生み出す精神は，宇宙精神（普遍精神）として感得される。宮沢賢治の心象スケッチにみる自然語彙は，精神的階梯をもつ体系として，自由な想像力の素材となる。

■ 発展問題

(1) 連語的観点から，《天》と《空》の語彙の特徴を比較して，賢治の自然観について考察してみよう。

(2) 賢治の心象スケッチを言語資料として，動物語彙，植物語彙，鉱物語彙を調べ，自然語彙との関連について，考察してみよう。

(3) 賢治の心象スケッチと童話を比較して，語彙の分布の傾向の違いについて調べてみよう。

■ 参考文献
1) 前田富祺ほか『語彙原論』講座日本語の語彙1（明治書院，1982）
2) 宮島達夫『語彙論研究』（むぎ書房，1994）
3) NTTコミュニケーション科学研究所『日本語語彙大系』（岩波書店，1997）
4) 川瀬一馬『増訂 古辞書の研究』（雄松堂出版，1955）
5) 原 子朗『新宮澤賢治語彙辞典』（東京書籍，1999）
6) 小林俊子『宮沢賢治—風を織る言葉—』（勉誠出版，2003）
7) 河原修一「宮沢賢治の心象スケッチにみる自然語彙」（金沢大学国語国文28，2003）

第8章 「連れて出る」は複合語か？

【用の語彙・複合動詞】

キーワード：複合動詞，補足型複合，修飾型複合，接続型複合，派生Ⅰ型複合，派生Ⅱ型複合

1. 問題の所在—三島由紀夫作『豊饒の海』第一部『春の雪』冒頭部の表現—

三島由紀夫の最後の作品となった『豊饒の海』の第一部『春の海』は次のように書き起こされている。

> 学校で日露戦役の話が出たとき，松枝清顕は，もつとも親しい友だちの本多繁邦に，そのときのことをよくおぼえてゐるかときいてみたが，繁邦の記憶もあいまいで，提灯行列を見に門まで<u>連れて出られた</u>ことを，かすかにおぼえてゐるだけであつた。

下線を施した「連れて出られた」という表現に違和感を覚える。違和感を分析してみると次のようになる。

① 「連れて出る」は形式の上では2文節なのであるが，受身の助動詞の接続の仕方から判断すると，1語と判断される。はたして，どのように考えるべきなのか？　言い換えると，複合動詞化するとはどういうことなのか？
② 意味的には，「出られた」のではなく「連れられて」「出た」のである。受身が成立するのは「連れる」という前項動詞との間であるのに，形式の上では「出られた」で後項動詞との間となっている。意味と文法形式とのズレをどのように考えるべきなのか？

以下，日本語の複合動詞の問題を考察する中において，これらの問題について考えることにする。

2. 複合動詞の五分類

　日本語は英語や中国語など，他の言語と比較すると動詞の種類が少ないとされる。この少なさを補うものの一つとして，複合動詞が発達している。
　まず，前項と後項の構文的関係及び品詞的観点より分類すると次の五種類になる。

構文	品詞	語例
補足型	名詞　　　　＋動詞	口ずさむ　心掛ける　巣立つ　腹立つ　目覚める　夢見る
修飾型	動詞連用形　　＋動詞	歩き回る　祈り殺す　切り上げる　走り込む　降り始める
接続型	動詞連用形＋て＋動詞	受けて立つ　うって変わる　買って出る　食ってかかる
派生Ⅰ型	形容詞語幹　　＋動詞	高すぎる　安すぎる　近寄る　遠ざかる　若返る
派生Ⅱ型	副詞の一部　　＋動詞	ぶら下がる　ぶら下げる

　名詞と動詞で構成されるものは，次のように，補足関係にあり，動詞節が一語化したものと考えることができる。

　　　口　デ　　すさむ　→　口ずさむ　（道具格補足）
　　　心　ニ　　掛ける　→　心掛ける　（依拠格補足）
　　　巣　カラ　立つ　　→　巣立つ　　（起点格補足）
　　　腹　ガ　　立つ　　→　腹立つ　　（主格補足）
　　　目　ガ　　覚める　→　目覚める　（主格補足）
　　　夢　ヲ　　見る　　→　夢見る　　（対格補足）

　動詞連用形と動詞で構成されるものは，意味的には，接続関係（歩き回る，祈り殺す），補助関係（考え込む，切り上げる，降り始める）などあるが，形式的には修飾関係であり，すべて動詞句が一語化したものとみなすことができるものである。
　動詞連用形と接続助詞「て」と動詞により構成されるものは，基本的に接続関係にある。詳述は次節においておこなう。
　形容詞語幹と動詞で構成されるものは，動詞が接尾辞化したもの（高すぎる，安すぎる）と，形容詞語幹が接頭辞化したもの（近寄る，遠ざかる）と，両者

が独立性を失い融合したもの（若返る）とになるが，大きくとらえれば，派生語化により複合したものと考えることができる。

また，副詞（擬態語）の一部と動詞で構成されたものは，副詞が独立性を失い，接頭辞化しているので，これも派生語化して複合したものと考えることができる。

複合動詞で最も多いのは修飾型，次いで補足型，接続型と続き，派生型は少ない。特に派生Ⅱ型は例示したもの以外には存在せず，本動詞の少なさを補うものとしては，ほとんど機能していない。

ところで，問題とした「連れて出る」は接続型の複合動詞であるので，次節ではこの型の複合動詞について，より詳しく検討することにする。

3. 修飾型及び接続型の複合動詞の下位分類

修飾型及び接続型の複合動詞，言い換えると動詞同士が複合化したものを，前項動詞と後項動詞の品詞的関係，構文的関係より分類すると次の四分類になる。

Ⅰ類　V1 + V2　（歩き回る，祈り殺す，泣き叫ぶ）
　　前項動詞，後項動詞ともに自立語で，文中の名詞句とそれぞれ格関係を構成する。
　　　　太郎が町中を歩き回る。
　　　　太郎が歩く／太郎が回る　　街中を歩く／街中を回る
見掛けは複合化しているが，実質は単に並立接続しているにすぎない。そのことは，
　　　歩き回る　→　歩いて回る
　　　祈り殺す　→　祈って殺す
　　　泣き叫ぶ　→　泣いて叫ぶ
などと，接続型に変換可能であることからもわかる。因みに，Ⅱ，Ⅲ，Ⅳ類の複合動詞は接続型に変換できない。
前項動詞が後項動詞を限定修飾する。
「歩き回る」は「駆け回る」「飛び回る」「走り回る」などとは異なり，

「歩く」状態で「回る」という具合に，前項動詞が後項動詞を限定修飾する。この意味で，文字通りの修飾型の複合動詞ということができる。

II類　V1 + v2　（走り込む，静まり返る，降り始める）

前項動詞が自立語で，後項動詞が補助動詞，文中の名詞句とは前項動詞のみが格関係を構成する。

　　　太郎が電車に走り込んだ。
　　　　太郎が走る／＊太郎が込んだ　電車に走る／＊電車に込んだ

前項動詞を後項動詞が補助し限定する。逆修飾型の複合動詞ということができる。

III類　v1 + V2　（うち眺める，差し迫る）

前項動詞は接頭辞化し後項動詞の意味になんらか意味を付与する。派生複合動詞と本質的には変わらないもの。後項目動詞のみが文中の名詞句と格関係を構成する。

　　　景色をうち眺める。　　　　　期限が差し迫る
　　　　＊景色をうつ／景色を眺める　　＊期限が差す／期限が迫る

「うち眺める」は「遠く眺める」のような意味であり，修飾型に属する。

IV類　v1 + v2　（取り持つ，ひき立つ）

前項動詞，後項動詞ともに補助動詞化して一語として完全に融合しているもの。文中の名詞句との格関係を個別に構成することがない。

　　　二人の仲を取り持った。　　　味がひき立つ
　　　　＊仲を取る／＊仲を持つ　　　＊味がひく／＊味が立つ

4.「連れて出られた」は日本語として自然か？

前節で述べた通り，I類に属する修飾型複合動詞は，原則として接続型に変換することができる。

　　歩き回る　→　歩いて回る
　　祈り殺す　→　祈って殺す
　　泣き叫ぶ　→　泣いて叫ぶ

これに対して，II，III，IV類の複合動詞は接続型に変換することができない。接続型との併存現象はI類の複合動詞にのみ観察される際立った特徴とするこ

とができる。
　一方,「受けてたつ,うって変わる,買ってでる,食ってかかる,とって代わる,とって返す,見てとる,持ってまわる」などの接続型複合動詞は修飾型をもたない。
　さて,これまでの考察を参考にして,問題となる「連れて出る」について考察することにする。

　　　連れて出る　→　＊連れ出る

修飾型に変換することができないので,複合動詞であるとするなら,接続型ということになる。接続型複合動詞を受身化してみると次のようになる。

　　　青年が堂々と受けて立つ　→　青年に堂々と受けて立たれてみると……
　　　　　　　　　　　　　　　　　＊青年に堂々と受けられてみると……
　　　　　　　　　　　　　　　　　＊青年に堂々と立たれてみると……
　　　青年が堂々と買って出る　→　青年に堂々と買って出られてみると……
　　　　　　　　　　　　　　　　　＊青年に買われてみると……
　　　　　　　　　　　　　　　　　＊青年に出られてみると……

　これらの操作により,「受けて立つ」「買ってでる」が完全に一語化していることが判別される。

　　　親が子供を連れて出る　　→？親に子供が連れて出られた。
　　　　　　　　　　　　　　　　親に子供が連れられた。
　　　　　　　　　　　　　　　＊親に子供が出られた。

「連れて出る」は一語化しているとは考え憎いということがわかる。三島の表現は自然な日本語とはみなされないのである。彼は,つぎのように表現すべきであった。

　　　提灯行列を見に門まで連れて出られたこと
　　　　　　　　　　→　連れられて行ったこと
　　　　　　　　　　→　連れて行かれたこと

文豪三島由紀夫が代表作『豊饒の海』第一部『春の海』のファーストセンテンスというもっとも注目されるところで,なぜ,このような不自然な日本語を使用したのか理解しかねている。

■ 発展問題

(1) 次の複合動詞の型及び類を判定しなさい。
やって来る　買い集める　訪ねてみる　気付く　差し出す　生かしておく　息詰まる　背負う　老いかがまる　出てくる　引き出す　問い詰める　刻み込む　高鳴る

(2) 「…はじる」と「…だす」,「…いく」と「…くる」,「…おわる」と「…おえる」の意味・用法の相違について述べなさい。

A	考えはじめる	食べはじめる	走りはじめる	降りはじめる	笑いはじめる
a	考えだす	食べだす	走りだす	降りだす	笑いだす
B	歩いてくる	進んでくる	上ってくる	増えてくる	わかってくる
b	歩いていく	進んでいく	上っていく	増えていく	わかっていく
C	書きおわる	食べおわる	飲みおわる	払いおわる	読みおわる
c	書きおえる	食べおえる	飲みおえる	払いおえる	読みおえる

(3) 次の「……かかる／……がかる」を幾つかに分類し，それらの意味を記述しなさい。

行きかかる	襲いかかる	躍りかかる	神がかる	来かかる	食ってかかる
暮れかかる	差しかかる	しかかる	時代がかる	しなだれかかる	死にかかる
芝居がかる	下がかる	攻めかかる	掴み掛かる	突っかかる	出かかる
通りがかる	飛びかかる	取りかかる	伸ばしかかる	乗りかかる	引っかかる
不良がかる	降りかかる	もたれかかる	行きかかる	寄っかかる	

(4) 次の「……込む」を幾つかに分類し，それらの意味を記述しなさい。また，単独の「込む」の場合と比較して，異同について述べなさい。

当て込む	勢い込む	意気込む	鋳込む	入り込む	入れ込む	植え込む
打ち込む	売り込む	老い込む	追い込む	送り込む	押さえ込む	教え込む
押し込む	落ち込む	踊り込む	覚え込む	思い込む	折り込む	買い込む
抱え込む	書き込む	駆け込む	担ぎ込む	刈り込む	考え込む	聞き込む
着込む	決め込む	組み込む	繰り込む	誘い込む	沈み込む	忍び込む
絞り込む	吸い込む	滑り込む	刷り込む	ずれ込む	座り込む	炊き込む
突っ込む	溶け込む	飛び込む	取り込む	投げ込む	逃げ込む	煮込む
使い込む	注ぎ込む	付け込む	寝込む	眠り込む	飲み込む	話し込む

冷え込む	封じ込む	踏み込む	振り込む	降り込む	巻き込む	丸め込む
舞い込む	申し込む	潜り込む	持ち込む	盛り込む	呼び込む	読み込む
割り込む	覗き込む	叩き込む	垂れ込む	せき込む	住み込む	

■ 参考文献

1) 武部良明「複合動詞における補助動詞的要素について」(『金田一博士古希記念言語・民族論叢』三省堂，1953)
2) 見坊豪紀「複合語」(『現代雑誌九十種の用語用字　第3分冊』秀英出版，1962)
3) 長嶋善郎「複合動詞の構造」(『日本語講座4　日本語の語彙と表現』大修館書店，1976)
4) 関　一雄『国語複合動詞』(笠間書院，1977)
5) 森田良行「日本語複合動詞について」(『講座日本語教育，第14分冊』早稲田大学語学教育研究所，1978)
6) 石井正彦「現代複合動詞の語構成の分析における一観点」(「日本語学」vol. 2, no. 8, 明治書院，1983)
7) 山本清隆「複合語の構造とシンタクス」(情報処理振興事業協会，1983)
8) 寺村秀夫『日本語のシンタクスと意味Ⅱ』(くろしお出版，1984)
9) 山本清隆「複合動詞の格支配」(「都大論究」21号，1984)
10) 斎藤倫明「複合動詞構成要素の意味―単独用法との比較を通して―」(『国語語彙史の研究』5, 和泉書院，1984)
11) 須賀一好「現代語における複合動詞の自・他の形式について」(「静岡女子大学研究紀要」17, 1984)
12) 玉村文郎「語の構造と造語法」(国立国語研究所日本語教育指導参考13, 『語彙の研究と教育（下）, 大蔵省，1985)
13) 森山卓郎「形態論」(『日本語動詞述語文の研究』第Ⅱ部，明治書院，1988)
14) 石井正彦「辞書に載る複合動詞・載らない複合動詞」(「日本語学」vol. 8, no. 5, 明治書院，1988)
15) 姫野昌子「動詞の連用形に付く補助動詞及び複合動詞後項」(『日本語教育事典』, 大修館書店，1988)
16) 南場尚子「複合動詞後項の位置付け」(「同志社国文学」34, 1991)
17) 林　翠芳「日本語複合動詞研究の現在」(「同志社国文学」36, 1993)
18) 影山太郎『文法と語構成』(ひつじ書房，1993)
19) 姫野昌子『複合動詞の構造と意味用法』(ひつじ書房，1999)
20) チャン・ティ・チュン・トアン『日本語の複合動詞ハンドブック』(ハノイ国家大学出版社，2002)

第9章 「憂(う)し」という形容詞はなぜ消滅したのか？

【相の語彙・語彙史】

キーワード：名詞語彙，動詞語彙，形容詞語彙，感情形容詞，形状形容詞，ク活率，古代語形，近代語形，近世語形，同音衝突，-ei型形容詞，-ai型形容詞，-oi型形容詞

1. 変化しやすい語彙とはどのような語彙か？

『万葉集(まんようしゅう)』や『源氏物語(げんじものがたり)』は優れた古典文学であるが，21世紀に生きる私たちが，これらを享受しようとすると言語の壁に阻まれて読み解くことができないという情けないことになる。言語というものは時が流れ行くにつれて変化するものなのである。

言葉は変化するといっても，一様一律に変化するわけではない。言葉には変化しやすい部分と変化しにくい部分とがある。どの言語においても，音韻はもっとも変化しにくく，次いで文法が変化しにくい。もっとも変化しやすいのは語彙なのである。

大野(おおの) 晋(すすむ)は「日本語の古さ」という論文で，日本語の語彙の変化に関して，次のような調査報告を行っている。

『万葉集』(759年頃成立)，『枕草子(まくらのそうし)』(1000年頃成立)，『源氏物語』(1020年頃成立)，『徒然草(つれづれぐさ)』(1330年頃成立)の4作品及び平安時代末期に作成された漢和辞書『類聚名義抄(るいじゅみょうぎしょう)』(1100年頃成立)に共通して用いられている706語を調査し，現代東京語で，大体そのままの意味で日常語として使用されているかどうかを検討し，残存率を割り出している。

　　名詞　　残存語彙数　237語　残存率　79.9％
　　　　あき（秋），あさがほ（朝顔），あし（足），あせ（汗），あたり（辺り）
　　　　あと（跡），あひだ（間），あふぎ（扇），あま（尼），あま（海女），
　　　　あめ（雨），あらし（嵐）……よる（夜），わ（輪），わざ（業）等

動詞　　残存語彙数　223語　　残存率　79.3%
　　　あかす（明かす），あがる（上がる），あく（飽く），あく（開く・下二），
　　　あく（明く），あぐ（上ぐ），あそぶ（遊ぶ），あはす（合す），あふ（逢ふ）
　　　あふぐ（仰ぐ）……わたる（渡る），わづらふ（患ふ），わる（割る）等
形容詞　　残存語彙数　50語　　残存率　69.4%　　＊形容動詞を含む。
　　　あさし（浅し），あやし（奇し），あをし（青し），いたし（痛し），
　　　いやし（賤し），うすし（薄し）……おほかた（大方），ことさら（殊更），
　　　たしか（確か），はなやか（華やか），ほのか（仄か）等

　前述のとおり語彙は変化しやすい部類に入るのであるが，なかでも形容詞語彙は名詞語彙や動詞語彙に比較し，一層変化しやすい語彙ということになる。
　体の語彙である名詞語彙や用の語彙である動詞語彙は指示物や具体的な行動・状態などに支えられて，指示的意味が比較的に視覚化されやすいのに対して，相の語彙である形容詞語彙の指示的意味は概して観念的，感覚的であるため視覚化されにくく，ややもすると使用者の恣意に委ねられがちになるため，変化が生じやすくなるのであろう。

2.『万葉集』と『古今和歌集』以下八代集の形容詞語彙

　下の表は，宮島達雄編『古典対照語い表』等を参考資料として，『万葉集』と『古今和歌集』以下の八代集における形容詞語彙を使用率の高い順に配列し，それぞれの延べ語数，使用率を示したものである。

順位	語例	延べ語数	使用率	順位	語例	延べ語数	使用率
万葉　ク活率　75%				11	#はやし（早し）	51	4.1%
1	#なし（無し）	154	12.3%	11	くるし（苦し）	51	4.1%
2	#しげし（繁し）	119	9.5%	12	こひし（恋し）	50	4.0%
3	#ながし（長し）	109	8.7%	13	#たかし（高し）	49	3.9%
4	をし（惜し）	96	7.7%	13	#おほし（多し）	49	3.9%
5	#かしこし（賢し）	85	6.8%	古今　ク活率　53.8%			
6	#きよし（清し）	84	6.7%	1	#なし（無し）	153	40.3%
7	#とほし（遠し）	82	6.6%	2	#うし（憂し）	47	12.4%
8	かなし（悲し）	76	6.1%	3	こひし（恋し）	46	12.1%
9	#よし（良し）	74	5.9%	4	かなし（悲し）	28	7.4%
10	#いたし（痛し）	57	4.6%	5	をし（惜し）	14	3.7%
10	#さむし（寒し）	57	4.6%				

2. 『万葉集』と『古今和歌集』以下八代集の形容詞語彙

順位	語例	延べ語数	使用率
6	#ふかし（深し）	13	3.4%
7	#たかし（高し）	12	3.2%
7	わびし（侘し）	12	3.2%
7	しげし（繁し）	12	3.2%
8	くるし（苦し）	11	2.9%
8	#さむし（寒し）	11	2.9%
8	#はかなし（儚し）	11	2.9%
9	#つれなし	10	2.6%

後撰　ク活率　57.1%

順位	語例	延べ語数	使用率
1	#なし（無し）	193	22.2%
2	#うし（憂し）	56	6.4%
3	こひし（恋し）	42	4.8%
4	かなし（悲し）	38	4.4%
5	#つらし（辛し）	31	3.6%
6	#ふかし（深し）	30	3.4%
6	わびし（侘し）	30	3.4%
7	#ちかし（近し）	21	2.4%
7	#はかなし（儚し）	21	2.4%
7	をし（惜し）	21	2.4%
8	おなじ（同じ）	16	1.8%
8	#かひなし	16	1.8%
9	#つれなし	14	1.6%
10	うれし（嬉し）	13	1.5%

拾遺　ク活率　53.8%

順位	語例	延べ語数	使用率
1	#なし（無し）	164	20.2%
2	こひし（恋し）	54	6.6%
3	#うし（憂し）	37	4.6%
4	#つらし（辛し）	33	4.1%
5	#ふかし（深し）	22	2.7%
6	かなし（悲し）	19	2.3%
7	くるし（苦し）	17	2.1%
7	ひさし（久し）	17	2.1%
7	をし（惜し）	17	2.1%
8	うれし（嬉し）	15	1.8%
9	#さむし（寒し）	14	1.7%
10	#たかし（高し）	13	1.6%
11	#かひなし	12	1.5%

後拾遺　ク活率　52.9%

順位	語例	延べ語数	使用率
1	#なし（無し）	122	20.1%
2	#うし（憂し）	30	4.9%
3	こひし（恋し）	25	4.1%

順位	語例	延べ語数	使用率
4	かなし（悲し）	24	4.0%
5	うれし（嬉し）	21	3.5%
6	#おなじ（同じ）	20	3.3%
7	#つらし（辛し）	18	3.0%
8	#ふかし（深し）	14	2.3%
9	#とほし（遠し）	13	2.1%
9	ひさし（久し）	13	2.1%
10	#はかなし（儚し）	12	2.0%
11	をし（惜し）	12	2.0%
12	くるし（苦し）	10	1.6%
12	#つれなし	10	1.6%
12	#ながし（長し）	10	1.6%
13	#ちかし（近し）	9	1.5%
13	#つゆけし（露けし）	9	1.5%

金葉　ク活率　46.2%

順位	語例	延べ語数	使用率
1	#なし（無し）	68	21.7%
2	#うし（憂し）	17	5.4%
3	うれし（嬉し）	11	3.5%
4	#つらし（辛し）	10	3.2%
4	ひさし（ひさし）	10	3.2%
5	こひし（恋し）	9	2.9%
5	をし（惜し）	9	2.9%
6	あさまし	7	2.2%
6	おなじ（同じ）	7	2.2%
6	#しげし（繁し）	7	2.2%
6	#はかなし（儚し）	7	2.2%
7	#たかし（高し）	6	1.9%
8	かなし（悲し）	5	1.6%

詞花　ク活率　52.6%

順位	語例	延べ語数	使用率
1	#なし（無し）	38	20.4%
2	かなし（悲し）	11	5.9%
3	#うし（憂し）	10	5.4%
3	#ふかし（深し）	10	5.4%
4	こひし（恋し）	9	4.8%
5	おなじ（同じ）	6	3.2%
6	くるし（苦し）	5	2.7%
6	をし（惜し）	5	2.7%
7	#いたし（痛し）	4	2.2%
7	うれし（嬉し）	4	2.2%
7	#きよし（清し）	4	2.2%
7	#ながし（長し）	4	2.2%
7	#つらし（辛し）	4	2.2%

順位	語例	延べ語数	使用率	順位	語例	延べ語数	使用率
8	#おぼつかなし	3	1.6%	10	うれし（嬉し）	12	2.1%
8	#ちかし（近し）	3	1.6%	11	#しるし（著し）	9	1.5%
8	ひさし（久し）	3	1.6%	11	ひさし（久し）	9	1.5%
8	めづらし（珍し）	3	1.6%	新古今　ク活率　60%			
8	#つれなし	3	1.6%	1	#なし（無し）	172	20.0%
8	#はかなし（儚し）	3	1.6%	2	#うし（憂し）	75	8.7%
千載　ク活率　53.3%				3	#ふかし（深し）	51	5.9%
1	#なし（無し）	109	18.7%	4	かなし（悲し）	41	4.8%
2	#うし（憂し）	68	11.7%	5	#さむし（寒し）	26	3.0%
3	かなし（悲し）	35	6.0%	5	#つらし（辛し）	26	3.0%
4	#ふかし（深し）	31	5.3%	6	こひし（恋し）	25	2.9%
5	#つらし（辛し）	19	3.3%	6	#はかなし（儚し）	25	2.9%
6	おなじ（同じ）	17	2.9%	7	#ながし（長し）	23	2.7%
7	#つれなし	16	2.8%	8	おなじ（同じ）	19	2.2%
7	#はかなし（儚し）	16	2.8%	9	#ちかし（近し）	15	1.7%
8	こひし（恋し）	14	2.4%	9	すずし（涼し）	15	1.7%
8	をし（惜し）	14	2.4%	9	#つれなし	15	1.7%
9	さびし（寂し）	13	2.2%	9	をし（惜し）	15	1.7%
9	#しげし（繁し）	13	2.2%	10	むなし（空しい）	14	1.6%

　＊　#はク活用の形容詞
＊＊　ク活率はク活用の形容詞の異なり語数を例示形容詞総数で割り，百を乗じたもの。

この表を観察すると，次のようなことに気付く。
①各歌集とも「無し」の使用率が最も高い。
②ク活率は万葉集が75%の高率を示し，古今和歌集以下とは画然としている。
③古今和歌集以下の各歌集における使用率上位のものは，「憂し」「恋し」悲し」「辛し」等，感情形容詞が多く，特に，「憂し」はこれら全ての歌集において，2位または3位であり，使用率の高さが際立っている。
　＊「憂し」「辛し」はク活用の語ではあるが，意味は感情形容詞そのものであるので例外的なものと考える。
①について
　「無し」という形容詞は，対義語が「あり」という存在詞であるという点で特殊である。使用率も「あり（ある）」と同様に，奈良・平安時代に限らず，今日にいたるまで高率を示している。各歌集で最高の使用率である

のはその一つの現れである。

②について

「高し」「低し」「長し」「短し」等，ク活用をする形容詞は概して客観的な形状を表すものが多く，形状形容詞とされる。一方，「嬉し」「悲し」「楽し」「寂し」等，シク活用をする形容詞は概ね主観的な感情を表すものが多く，感情形容詞とされる。万葉集には自然を叙した叙事歌が多く，古今和歌集以下には叙情歌が多いという傾向がク活率の多寡に反映されているのであろう。

③について

樺島忠夫(かばしまただお)は『日本語探検』において昭和から平成にいたるまでの歌謡曲に使用されている語彙を調べた結果を報告し，次のような結論をくだしている。

　この悲しい気持ちは現代の歌謡曲にまで受け継がれているようです。昭和を通じて，「泣く，恋，夢，涙」が，歌謡曲でよく使われる語の中に含まれていて，日本語の歌謡曲は，しめっぽい恋の歌であったことがうかがわれます。

この樺島の結論はそっくり，古今和歌集以下の歌集についてもいえる。「憂し」の高使用率はそういう「しめっぽい」感情を象徴するものと考えられ，この意味では，日本人の心情は平安時代以来変わっていないともいえるのである。

3. 消えた形容詞1 ―「憂し」はなぜ消滅したのか？―

ところで，日本人の心情の在り方を象徴し，平安時代には高使用率を誇った「憂し」という形容詞は現在使用されておらず消えた形容詞になっている。これはなぜなのだろうか？　「憂さ晴らし」「憂き目」「もの憂い気分」「ものうげに」など，名詞や複合形容詞・形容動詞の一部に化石的に残存しているが，形容詞「憂し」（古代語形）の後裔「憂い」（近代語形）という形容詞は方言には残存するものの共通語としては使用されない。

そういう中で，文学作品の中では細々と命脈を保っている。

- 憂いの愁らいの数も知らねば，　　　　　（一葉・たけくらべ・八）
- 憂き事さまざまに何うも堪へられぬ思ひのありしに，
　　　　　　　　　　　　　　　　　　　（一葉・たけくらべ・十三）
- 「うれしきものに罪を思へば，罪長かれと祈る憂き身ぞ。君一人館に残る今日を忍びて，今日のみの縁とならばうからまし」
　　　　　　　　　　　　　　　　　　　　　　　（漱石・薤露行・一）
- 「憂き事の降りかかる十字の街に立ちて……」（漱石・薤露行・二）
- 「芥子散るを憂しとのみ眺むべからず，……」（漱石・薤露行・五）
- 「わが思ふほどの恩を，憂きわれに拒める……」
　　　　　　　　　　　　　　　　　　　　　　（漱石・虞美人草・二）
- 「憂きわれを，ひたぶるに嘆きたる女王は……」
　　　　　　　　　　　　　　　　　　　　　　（漱石・虞美人草・二）
- 憂き昼を，苦茶苦茶に揉みこなしたと思ふ頃……
　　　　　　　　　　　　　　　　　　　　　　（漱石・虞美人草・九）
- 憂きがなかにも楽しき月日を送りぬ。　　　（鷗外・舞姫）
- 番傘の黄いろい光に染められた憂い顔……（丸谷・笹まくら）
- 通夜の席にこそふさわしいような，かげ翳のある憂い顔だった。
　　　　　　　　　　　　　　　　　　　　　　　　（福永・廃市）

　樋口一葉の『たけくらべ』は会話文が口語体，地の文が文語体の雅俗折衷体であり，用例はともに地の文であるから，「憂い」「憂し」が用いられて当然である。
　夏目漱石の『薤露行』『虞美人草』は，森鷗外の『舞姫』とともに文語体の作品であるので，やはり「憂し」が使用されてなんの不思議もない。
　一方，漱石は『三四郎』や『それから』『門』『行人』などの口語体の作品では，次のように「ものうい」を採用している。

- 三四郎はこの表情のうちにものうい憂鬱と，隠さざる快活との統一を見出だした。　　　　　　　　　　　（漱石・三四郎・三）
- 何処で地が尽きて，何処で雲が始まるか分からないほどにものうい上を，心持ち黄な色がふうつと一面にかかつてゐる。
　　　　　　　　　　　　　　　　　　　　　　　（漱石・三四郎・五）

- 何も為るのが慵いと云ふのとは違つて……（漱石・それから・十三）
- そうしてその倦怠の慵い気分に支配されながら……

 （漱石・門・十四）
- それに抵抗するのが如何にも慵いと云つたやうな一種の倦怠るさが見えた。 （漱石・行人・三十九）

夏目漱石の言葉においては，「憂し」は文語，これに対応する口語は「ものうい」になっていたと考えられる。

丸谷才一の『笹まくら』福永武彦の『廃市』の2例は，中村明編『感情表現辞典』によるが，2例とも「顔」を修飾していて，内面的心情だけを表現する働きをするものではない。これらは内面と同時に心情が外面化した様子を描写するものとなっているので，あるいは「うれ憂い顔」と読むべきものかもしれない。

とにかく，現代共通語では「憂い」は死語化していると考えて間違いないだろう。

ところで，「憂し」に取って代った「ものうい」は「もの憂し」の形で古代から存在していた。言い換えると，「心憂し」などとともに類義語として共存してきた。その共存の様態を観察すると次頁の表のようになる。

古代語形「憂し」の最後を飾る『閑吟集』の例は次のようなものである。
- ふたり寝るとも憂かるべし，月斜窓に入る暁寺の鐘 （101番）
- 憂きも一時，嬉しきも，思ひ醒ませば夢候よ． （193番）

これらの「憂し」の意味用法は，『万葉集』山上憶良の歌，
- 世の中を憂しとやさしと思へども飛び立ちかねつ鳥にしあらねば

 （万葉・五・八九三）

と同種のものである。したがって，意味用法の変化によって，「憂し」が消滅したろうという仮説は成立しない。「憂し」が消滅するのは，形容詞終止形語尾が一斉に「－い」となる近代語形になってからと考えられる。

「憂し」は室町末期，江戸初期に「ウシ」から「ウイ」へと語形を変えるのであるが，この変化により，江戸期になって使用され始めたと推定される「愛い」と同音衝突を起こすことになる。

- 一段ういやつぢや。 （狂言記・烏帽子折り・一）

	近松浄瑠璃	狂言記	醒睡笑	天草伊曽保	天草平家	閑吟集	徒然草	平家物語	大鏡	更級日記	紫式部日記	源氏物語	枕草子	蜻蛉日記	後撰集	古今集	伊勢物語	万葉集
憂し	(4)37		(1)6	(3)	(1)4	12	11	95	10	8	8	195	19	27	55	47	7	10
憂がる												3					1	
心憂し					(13)		32					189						
もの憂し		(1)		(1)	(3)		8				3	37	2	2	3	2		
もの憂げ											4	3						
もの憂がる											4	1						

* （　）内は近代語形「憂い」の語数。他は古代語形「憂し」の語数。

- うい若い者，でかした，でかした。　　　　　（浄瑠璃・本朝三国志）
- 今の難儀を救うたるは業に似ぬうい働き。　（浄瑠璃・義経千本桜）
- ホホでかした，うい奴(やつ)。　　　　　　　（浄瑠璃・本朝二十四孝）

「愛い」の意味は，「好ましい。愛すべきだ。殊勝だ。ほめるに値するさま。」等の意味であるから，「憂い」とは対義的である。意味的に相反するものが，同一の語形を有していては，コミュニケーションが成立しない。

しばらくの間は，古くからの「憂い」と新参の「愛い」とが覇権を争うことになったが，やがて「憂い」の使用域は類義語「もの憂い」や「心憂い」に任せ，「憂い」が消滅することにより，同音衝突の弊害を回避することにしたのであろう。

結局，「憂し」の消滅は，語形を近代語形の「憂い」に変化させたことに起因し，その結果生じた近世語「愛い」との同音衝突を回避するための現象であったと考えられる。

4. 消えた形容詞2――ei型形容詞の消滅―

吉見孝夫は「消えた形容詞・生まれた形容詞」において，次の45語の形容詞を「消えた形容詞」とし，消滅の理由，消滅をゆるした事情等について考察している。

アカラケシ・アキラケシ・アザラケシ・アタタケシ・アハツケシ・アマネ

4. 消えた形容詞2

シ・イササケシ・イブセシ・ウタテシ・ウルセシ・エシ・オトトケシ・カソケシ・ケヤケシ・コマケシ・サダケシ・サマネシ・サムケシ・サヤケシ・シゲシ・シコメシ・シズケシ・シフネシ・シホドケシ・スネシ・スムヤケシ・セシ・ソソロケシ・タケシ・タシケシ・タヒラケシ・ツバヒラケシ・ツユケシ・ナガケシ・ナメシ・ネジケシ・ノドケシ・ハルケシ・フクツケシ・マネシ・ムクツケシ・ミジケシ・ヤスラケシ・ユタケシ・ヲシケシ

　吉見は消滅の理由を近世初頭に生じた，二重母音の長音化という音韻変化に求める。「アマネシ」を例にすると次のようになる。

　　アマネシ　→　アマネイ　→　アマネー
　（古代語形）　（近代語形）　（近世語形）

「アマネー」という形になると，近代語の形容詞終止形は「－イ」の形をとるという一般則に反することになってしまう。

　吉見は，一般則に反した結果，存在基盤を失い，－ei型形容詞は消滅してしまったと結論する。

　説得的な論理の展開のように思われるが，はたしてそうだろうか。

　江戸語・東京方言に限っていえば，形容詞終止形語尾が「エー」となるのは－ei型形容詞に限らない。

　　－ai型形容詞　　早い　　ハヤシ　→　ハヤイ　→　ハエー
　　－oi型形容詞　　面白い　オモシロシ→　オモシロイ→　オモシレー

　そして，－ai型形容詞は「赤い，暗い，高い，でかい」等数多く現代語として存在し，－oi型形容詞も「青い，黒い，広い，脆い」等数多く存在する。

　したがって，二重母音の長音化が形容詞の消滅を促したとする吉見説は成立しない。

　次に，吉見は－ei型形容詞が消滅しても差支えなかった事情を説明して，おおむね次のように述べている。

　　a　アカラケシ・ムクツケシなどは，アカラカナリ・ムクツケナリなど形容動詞を有シ，形容動詞のほうが好まれる傾向にあった。
　　b　日葡辞書には「アキラカナ・アタタカナ・シズカナ」など，形容動詞

に由来する語形を掲載している。
c 日葡辞書の「拾遺」の部分に「サヤケイ」があるが，「詩歌語」と注され，使用域が狭く限定されている。

　要するに，－ei型形容詞はもともと，量的に少なく，対応する形容動詞を有し，これらと比較して劣勢であった。したがって，消滅してもコミュニケーションの上では差支えが生じなかったのであるというのが吉見説である。
　これは説得的で納得できる。ただし，－ei型形容詞がなぜ量的に少ないのか，また，対応する形容動詞を有するのか，さらに，形容動詞のほうが好まれたのかについては説明していない。したがって，吉見説は－ei型形容詞の消滅の理由を述べたというより，－ei型の表現を日本語は好まなかったという事実を述べたに過ぎないものになっていると判断される。
　－ei型形容詞のうち，「アマネシ」はその連用形「アマネク」が副詞化して，現代語に存在することを考えると，音韻変化のみに消滅の理由を求めることには無理があるだろう。

■ 発展問題

(1)「愛い」は現代語にはない。理由を考えてみよう。

(2) 古代語形「恋し」「かなし（愛し・悲し・哀し）」「辛し」の意味用法を調べ，近代語形「恋しい」「悲しい」「辛い」の意味用法との相違をまとめてみよう。

(3)「なまめかし」と「なまめかしい」，「悩まし」と「悩ましい」，「疚し」と「疚しい」の意味用法の相違について考えてみよう。

(4)『源氏物語』を調べ，「憂し」「心憂し」「物憂し」の間に，どのような意味用法の相違があるかまとめてみよう。

(5)「暖かな／暖かい」「小さな／小さい」など，語幹を等しくする形容動詞と形容詞の組みをいくつか列挙し，形容動詞と形容詞の間ではどのような意味用法の相違があるか調べてみよう。

(6) 話し言葉では「イテー，オッカネー，ツメテー，ハエー」など「〜e−」になることがあるのに，これらの形容詞の辞書形は「痛い，おっかない，冷たい，早い」などとなっているのはなぜなのだろうか，将来は「〜e−」型になるだろうかなどについて考えてみよう。

■ 参考文献

1) 大野　晋「日本語の古さ」(『講座現代国語学』ことばの変化』筑摩書房，1958)
2) 宮島達雄編『古典対照語い表』(笠間書院，1971)
3) 樺島忠夫『日本語探検』(角川選書361，角川書店，2004)
4) 鶴岡昭夫編『たけくらべ総索引』(笠間書院，1992)
5) 近代作家用語研究会編『夏目漱石一』(教育社，1984)
6) 近代作家用語研究会編『森鷗外一』(教育社，1985)
7) 中村　明編『感情表現辞典』(六興出版，1979，東京堂出版，1995)
8) 進藤義治『源氏物語形容詞類語彙の研究』(笠間書院，1978)
9) 高梨敏子・津藤千鶴子・耳野紀久代編『閑吟集総索引』(武蔵野書院，1969)
10) 志田延義校注「閑吟集」(『日本古典文学大系　中世近世歌謡集』岩波書店，1959)
11) 小島憲之・木下正俊・東野治之校注・訳『日本古典文学全集　万葉集2』(小学館，1995)
12) 金田一春彦他編『平家物語総索引』(学習研究社，1973)
13) 近藤政美・伊藤一重・池村奈代美編『天草版平家物語総索引』(勉誠社，1982)
14) 大塚光信『キリシタン版エソポのハブラス私注』(臨川書店，1983)
15) 岩淵　匡・桑山俊彦・細川英雄共編『醒睡笑静嘉堂文庫蔵　索引編』(笠間書院，1998)
16) 北原保雄・大倉　浩『狂言記の研究下　翻字篇索引篇』(勉誠社，1983)
17) 近世文学総索引編纂委員会編『近松門左衛門』(教育社，1986)
18) 北原保雄他編『日本国語大辞典2』(小学館，2001)
19) 吉見孝夫「消えた形容詞・生まれた形容詞」(「言語」22-2，大修館書店，1993)

第10章　なぜ雲がぎらぎら光るのか？

【感性語彙・オノマトペ】

キーワード：音感，身体感覚性，現場喚起性，アスペクト，ムード

1. オノマトペのもつ感覚性

　オノマトペは，「名前を創る」という意味のギリシア語 "$ονοματο-ποιεω$" を語源とする。プラトン『クラテュロス』では，本性にかなった方法による命名に言及し，ことばは事物のあり方や本質を含んでいるとする。ソシュール『一般言語学講義』では，命名における記号の恣意性の例外として，感動詞と擬音語に言及する。

　ここでは，擬音語と擬態語を併せて，オノマトペと総称する。

　擬音語は，音（人の声，動物の鳴き声，物音など）をうつすことばである。擬態語は，状態（物の状態，出来事の状態，人の心の状態）を音になぞらえることばである。

　擬音語は，聴覚心象を類似した音韻の構成で表す。擬態語は，諸感覚心象を共感覚的比喩（「きらきら」聴覚→視覚，「ぷんぷん」聴覚→嗅覚，「べとべと」聴覚→触覚など）で表すが，むしろ，ことばそのもののもつ聴覚性（音感）を用いている。同様に，感情心象を表したり（「どきどき」「むかむか」「くよくよ」「そわそわ」など），外界の事物の心象を表したりする。

　つまり，オノマトペは感覚的（聴覚的）表現（言語記号の素材のもつ音感を生かした表現）による象徴（次元の異なるものへの転換）である。感覚的だから，身体的あるいは直感的な現場喚起性をもつ表現となる。聴覚的だから，時間性を含み，感情の動きや出来事の推移を表すことが多い。

2. オノマトペの形式

オノマトペの形式は，語根への接辞（促音，撥音，長音化，流音プラス母音など）の添加，語根あるいは語根プラス接辞の反復（変形反復を含む）などがあり，それぞれアスペクト（動きの段階），ムード（話し手の態度）などの文法的機能を示しながら，ものごとやおもいを表す。通時的には，派生や転成があり，意味の転化が生じる。慣用化によって，オノマトペの本来的な身体感覚性や現場喚起性（臨場感）が失われることもある。

オノマトペの語根は，1拍あるいは2拍から成る（2拍が多い）。

オノマトペの形式（拍による構成）を記号（語根はAまたはAB，促音はT，撥音はN，長音化は：，流音プラス母音はRなど）で示し，例を挙げてみる。併せて，アスペクトや造語形を示す。

語根	開始	一般的継続	臨場的継続	余韻的停止	一般的停止	終了
AB	ABT	ABAB	ABABT	ABN	ABR	ABRN
ころ	ころっ	ころころ	ころころっ	ころん	ころり	ころりん
ごろ	ごろっ	ごろごろ	ごろごろっ	ごろん	ごろり	ごろりん
きら	きらっ	きらきら	きらきらっ		きらり	
ぎら	ぎらっ	ぎらぎら	ぎらぎらっ		ぎらり	

	慣性的継続	臨場的断続	余韻的断続	一般的断続	結果
	AB：	ABTABT	ABNABN	ABRABR	ABRNK
	ころー	ころっころっ	ころんころん	ころりころり	ころりんこ
	ごろー	ごろっごろっ	ごろんごろん	ごろりごろり	ごろりんこ
	きらー	きらっきらっ		きらりきらり	
	ぎらー	ぎらっぎらっ		ぎらりぎらり	

	派生	転成		派生的転成
	ABX	AB		ABX
	ころぶ	ころ（名詞）		
	ころがる			
	ごろつく	ごろ（名詞，野球用語）		ごろつき（名詞）
	きらめく	きら（名詞，古語）		きらら（名詞，古語）
	ぎらつく			

接尾辞は，アスペクトだけでなく，ムードも示す。

促音Tは時間的な短さ・速さだけでなく，緊張感も示す。撥音Nは瞬間・余韻だけでなく，共鳴・共感なども示す。長音化：は，時間的な長さ・遅さや慣性的続行だけでなく，注意深さ，思い入れ，強調なども示す。流音プラス母

音「り」（古くは「ら」も）Rは，主体をめぐる環境・状況も示す。愛称の接尾辞「こ」Kは，オノマトペにも用いられ，親近感も示す。

接中辞（「ばったり」「じんわり」「とろーり」の下線部など）は，アスペクトよりも，むしろムード（話し手の判断・評価・態度など）を示す。表現される場（脈絡，状況）に応じて，様々なムードを表す。

語根AまたはABのAの清濁は，軽重，美醜，聖俗などのムードを示す。

語根を構成する子音・母音の音感は，オノマトペによって示される意味あるいは語感（ニュアンス）と関わる。

たとえば，「からから」「ころころ」「くるくる」「きらきら」「きりきり」と並べて比較すれば，〔k〕音が乾いて硬質なイメージ，〔r〕音が滑らかに回転するイメージを表し，〔a〕音が開放的で全体にわたるのに対し，〔o〕〔u〕〔i〕音は順により閉鎖的で部分に限定されるのがわかる。

オノマトペの形式としては，同語反復が最もよく用いられる。オノマトペが時間性を含み，アスペクトとして継続が一般的であることによると思われる。変形反復（「どたばた」「どたんばたん」「からころ」「からーんころーん」「てんつくてんてん」など）は，類似するが少し質の違うものが並行する継続を示す。

以下の分析では，派生（「ころぶ」「きらめく」「ぎらつく」など）や転成（「ころ」「きら星」「きらら」など），意味の転化（陳述副詞「きっと」など）は，オノマトペに含めない。慣用化が進んで，オノマトペの特質が薄らいでいても，形式と意味（本義）が保たれていれば（「ゆっくり」「すっかり」など），オノマトペに含める。表情音（反射音）の言語化（「うう」「ふんふん」など）は，オノマトペに含める。漢語・外来語起源のオノマトペ（「燦々」「ヂグザグ」など）は除く。

3. 宮沢賢治の心象スケッチにみるオノマトペ

ここでは，言語資料として，宮沢賢治の心象スケッチを取り上げ，オノマトペによる表現の特質を探る。

まず，心象スケッチ『春と修羅』第一集に収められた心象スケッチ69編（序を除く）（1922.1.6～1923.12.10の日付のもの）について，オノマトペと思

3. 宮沢賢治の心象スケッチにみるオノマトペ

われる語を抜き出す。必要に応じて，前後の語も抜き出す。

『宮沢賢治全集Ⅰ』（ちくま文庫）を基礎資料として用いることとし，抜き出した語のあとに，擬音語・擬態語の別を記し，括弧書きで表題の頭文字（1〜3字）および頁数を示す。表記が異なるときは，異なる語として扱っておく。延べ語数を数字で，異なり語数を〔 〕内数字で示す。

なお，独創的なものに◎，文脈上独創的なものに☆，慣用によってオノマトペ的ではないものに△，表情音の言語化に＊，承けることばに下線を付けた。

AT		9〔8〕			
	☆きつ		態	と<u>口</u>をまげてわらつてゐる	（風林166）
	しゆつ		音	と<u>擦られた</u>マッチだけれども	（霧と105）
	すつ		態	と<u>とられて消えて</u>しまふ	（真空59）
	△ずつ		態	と<u>遠く</u>では	（小岩75）
	△そつ		態	と<u>見て</u>ごらんなさい	（樺太197）
	ときどき	ぱつ	態	と<u>たつ</u>雪と	（小岩83）
	威勢よく〜☆ふつ		音	と<u>鼻を鳴らせ</u>	（小岩80）
	あたたかい空気は☆ふつ		態	と<u>撚</u>になつて<u>飛ばされて</u>来る	（東岩145）
	鳥の声 その音が◎ぽつ		態	と<u>ひくく</u>なる	（小岩78）
AN		17〔5〕			
	ひのきも☆しん		態	と<u>天に立つ</u>ころ	（春と31）
	髪がくろくてながく☆しん		態	と<u>くちをつぐむ</u>	（春光33）
	せなかが 〜屈んで☆しん		態	と<u>してゐる</u>	（小岩69）
	そんな口調が△ちやん		態	とひとり 私の中に<u>棲んでゐる</u>	（習作41）
	二つは△ちやん		態	と<u>肩に着てゐる</u>	（小岩95）
	△ちやん		態	と<u>顔を見せて</u>やれ	（犬148）
	△ちやん		態	と<u>顔を見せて</u>やれと	（犬148）
	△ちやん		態	と今朝〜わたくしは<u>見た</u>	（白い170）
	その蜂は△ちやん		態	と抛物線の図式に<u>したがひ</u>	（鈴谷202）
	馬は ピン		態	と<u>耳を立て</u>	（小岩71）
	＊ふん		音	いつものとほりだ	（小岩77）

	＊ふん	音	ちやうど四十雀のやうに	（火薬 234）
大きな紺いろの瞳を☆りん		態	と<u>張つて</u>	（小岩 97）
泥のコロイドその底に〜☆りん		態	と<u>立て</u>立て青い槍の葉	（青い 108）
そのやなぎ〜☆りん		態	と<u>立て</u>立て青い槍の葉	（青い 109）
もう一時間もつづいて☆りん		態	と<u>張つて</u>居ります	（報告 110）
茶いろの瞳を☆りん		態	と<u>張り</u>	（冬と 245）
Ａ： 3〔3〕				
	＊うう	音	ひどい風だ	（真空 55）
耳☆ごう		音	ど<u>鳴つて</u>	（青森 178）
	＊ふう	音		（小岩 92）
Ａ：Ｔ 2〔2〕				
	△ずうつ	態	と遠くのくらいところでは	（小岩 72）
鳥がね〜☆ばあつ		態	と空を<u>通つた</u>の	（青森 178）
ANAN 14〔5〕				
	◎キンキン	態	<u>光る</u>	（習作 40）
あたまの奥の◎キンキン		態	<u>光つて</u>痛いもや	（習作 40）
牧師の意識から☆ぐんぐん		態	ものが<u>消えていく</u>とは情ない	（真空 59）
みちが☆ぐんぐん		態	うしろから<u>湧き</u>	（小岩 88）
馬車は☆ずんずん		態	<u>遠くなる</u>	（小岩 72）
そして☆ずんずん		態	<u>遠くなる</u>	（小岩 73）
雲がその面を△どんどん		態	<u>侵して</u>	（日輪 22）
水は濁つて△どんどん		態	<u>ながれた</u>	（小岩 86）
こまかな砂が〜△どんどん		態	<u>流れてゐる</u>	（オホ 194）
雲が△どんどん		態	<u>かけてゐる</u>	（風景と 217）
	△どんどん	態	雲は月のおもてを<u>研いで</u>	（風の 222）
川は△どんどん		態	氷を<u>流してゐる</u>のに	（冬と 244）
なるほど＊ふんふん		音		（真空 50）
	＊ふんふん	音	なるほど	（真空 51）
Ａ：Ａ： 5〔4〕				
下では水が	ごうごう	音	<u>流れて行き</u>	（風景と 218）

3. 宮沢賢治の心象スケッチにみるオノマトペ

あかるい雨の中で☆すうすう　音　ねむる　　　　　　　　　（小岩 95）
風は☆どうどう　音　空で鳴つてるし　　　　　　　　　　　（宗教 215）
ほんたうの鷹が☆ぶうぶう　音　風を截る　　　　　　　　　（小岩 91）
ぽとしぎは☆ぶうぶう　音　鳴り　　　　　　　　　　　　　（小岩 94）

AAA　　　　　　1〔1〕
　　　　　　　　　＊Ho！　Ho！　Ho！　　　　　音　（原体 121）
AAAA：　　　　1〔1〕
　　　　　　　　　◎dah-dah-dah-dahh　　　　　　音　（原体 122）
AAZAA　　　　1〔1〕
　　　　　　　　　◎dah-dah-sko-dah-dah　　　　　音　（原体 121）
AAAAAZAA　4〔1〕
　　　　　　　　　◎dah-dah-dah-dah-dah-sko-dah-dah　音　（原体 121）
　　　　　　　　　◎dah-dah-dah-dah-dah-sko-dah-dah　音　（原体 122）
　　　　　　　　　◎dah-dah-dah-dah-dah-sko-dah-dah　音　（原体 122）
　　　　　　　　　◎dah-dah-dah-dah-dah-sko-dah-dah　音　（原体 123）

ABT　　　　　　7〔7〕
　　すすきは　　きらつ　　態　と光つて過ぎる　　　　　　（雲と 212）
　　雲が　☆ぎらつ　　　態　とひかつたくらゐだ　　　　　（小岩 68）
　　あたらしく　ぎくつ　態　としなければならないほどの　（オホ 185）
　　向ふの並樹を　◎くらつ　態　と青く走つて行つたのは〜徽章だ　（小岩 81）
　　からだの丈夫なひとは☆ごろつ　態　とやられる　　　　（昴 226）
　　馬車が〜◎ひらつ　　態　とわたくしを通り越す　　　　（小岩 70）
　　受けかねて　ぽろつ　態　とおとす　　　　　　　　　　（芝生 106）

ABN　　　　　　4〔2〕
　　ここは蒼ぐろくて☆がらん　態　としたもんだ　　　　　（春光 33）
　　あの☆がらん　　態　とした町かどで　　　　　　　　　（オホ 189）
　　空が〜☆がらん　態　と暗くみえ　　　　　　　　　　　（オホ 194）
　　なみだをふいて△きちん　態　とたて　　　　　　　　　（宗教 216）

ATB　　　　　　2〔1〕
　　弧をつくる◎ぎゆつく　音　　　　　　　　　　　　　　（小岩 78）

◎ぎゅつく　音　　　　　　　　　　　　　（小岩78）

A：B　　　　　　2〔1〕
　　　　　　　＊ウーイ　音　神はほめられよ　　　　（真空57）
　　　　　　　＊ウーイ　音　いい空気だ　　　　　　（真空58）

ABAB　　　　　63〔43〕
　　　　　　　☆うらうら　態　湧きあがる味爽(まいさう)のよろこび　（真空49）
赤い苹果(りんご)をたべる　うるうる　態　しながら苹果に噛みつけば　（鎔岩242）
すぎごけの　表面が　かさかさ　態　に乾いてゐるので　　　（鎔岩241）
　　　あんまり　がさがさ　音　鳴るためだ　　　　　　（風林165）
　　　　　　　がさがさ　態　した稲もやさしい油緑(ゆりょく)に熟し　（宗教215）
　　おとなしく☆がさがさ　態　した南部馬　　　　　　（風景と217）
　　蘆(よし)のあひだを　がさがさ　音　行けば　　　　　　　（一本238）
　　　　さむい　がたがた　態　する　　　　　　　　　（小岩96）
風が　みんなの　がやがや　音　したはなし声にきこえ　（鈴谷204）
　　　　　背中☆きらきら　態　燦(かがや)いて　　　　　　　（蠟虫64）
　あのときは　きらきら　態　する雪の移動のなかを　（小岩83）
　　　　　波が　きらきら　態　光るなら　　　　　　　（青森185）
　　　　　　　ぎらぎら　態　の丘の照りかへし　　　（丘の23）
雲には〜みんな☆ぎらぎら　態　湧いてゐる　　　　　（休息42）
　　　　縮れて☆ぎらぎら　態　の雲　　　　　　　　（小岩90）
　　縮れて雲は☆ぎらぎら　態　光り　　　　　　　　（第四229）
　雲が縮れて☆ぎらぎら　態　光るとき　　　　　　　（火薬234）
　　こゝは　ぐちゃぐちゃ　態　した青い湿地で　　　（小岩89）
　眼のふちも☆ぐちゃぐちゃ　態　になつてしまふ　　（宗教215）
　　　　太陽が☆くらくら　態　まはつてゐるにもかゝはらず　（真空58）
　　あたまは　くらくら　態　するまで青く乱れ　　　（宗教215）
　　　　　　　ぐらぐら　態　ゆれる風信器を　　　　（小岩81）
　耕地の線が☆ぐらぐら　態　の雲にうかぶこちら　　（小岩82）
農夫は〜　あんなに☆ぐらぐら　態　ゆれるのだ　　　（小岩90）
　　　あんなに☆ぐらぐら　態　ゆれるのだ　　　　　（小岩90）

☆ぐらぐら	態	の空のこっち側を	（小岩 92）
雲は☆ぐらぐら	態	ゆれて馳けるし	（過去 235）
雲は　くるくる	態	日は銀の盤	（青い 107）
雲は　来るくる	態	南の地平	（青い 107）
みんな　ぐるぐる	態	する	（青森 178）
幹や枝が☆ごちやごちや	態	漂ひ置かれた	（オホ 193）
☆ことこと	音	と寂しさを噴く暗い山に	（不貪 211）
松倉山の木は〜あの☆ごとごと	音	いふのがみんなそれだ	（風の 223）
雲が〜☆ころころ	態	まるめられたパラフキンの団子になつて	（真空 50）
鶯も☆ごろごろ	音	啼いてゐる	（小岩 72）
かしははいちめん　さらさら	音	と鳴る	（風林 168）
沼地を〜馬が〜☆すぱすぱ	態	渉つて進軍もした	（小岩 90）
雉子は☆するする	態	ながれてゐる	（小岩 84）
赤い焰も　ちらちら	態	みえる	（小岩 95）
お日さまは〜火を　どしどし	態	お焚きなさいます	（丘の 24）
沼は〜つめたく　ぬるぬる	態	した蓴菜とから組成され	（雲と 212）
洋傘は〜しばらく☆ぱたぱた	音	言つてから〜倒れたのだ	（風景と 219）
雨は☆ぱちぱち	音	鳴つてゐる	（休息 42）
ひでりは☆パチパチ	態	降つてくる	（休息 43）
曠原風の情調を　ばらばら	態	にするやうなひどいけしきが	（鎔岩 240）
新らしくて☆パリパリ	態	の銀杏なみきを	（真空 48）
農具は　ぴかぴか	態	光つてゐるし	（雲の 38）
わたくしはなにを　びくびく	態	してゐるのだ	（小岩 98）
しぶきや雨に　びしやびしや	音	洗はれてゐる	（山巡 125）
みぞれは　びちよびちよ	音	ふつてくる	（永訣 156）
みぞれは　びちよびちよ	音	沈んでくる	（永訣 157）
笛〜はきまぐれな☆ひよろひよろ	態	の酋長だ	（小岩 88）
つめくさ〜草地〜☆ふくふく	態	してあたたかだ	（習作 40）
泥炭がなにか☆ぶつぶつ	音	言つてゐる	（真空 58）

わたくしは〜雑嚢を　ぶらぶら	態	さげて	（小岩87）
瘠せた肩を◎ぷるぷる	態	してるにちがひない	（真空53）
野はらもはやしも◎ぼしやぼしや	態	したり勵(くす)んだりして	（くら21）
たとへ〜羊羹いろで　ほろほろ	態	で	（風景観112）
その下では☆ほろほろ	態	の火雲が燃えて	（樺太200）
えりをりのシヤツや　ほろほろ	態	の上着をきて	（過去235）
助手は〜赤髪を　もじやもじや	態	して〜睡つてゐる	（青森175）
いそしぎが☆よちよち	態	とはせて遁げ	（オホ195）
☆よちよち	態	とはせてでる	（オホ196）

ABA'B　　　　6〔3〕

☆さめざめ	態	とひかりゆすれる樹の列を	（青森183）
黄金のゴールが☆さめざめ	態	としてひかつてもいい	（冬と245）
農夫が立ち△つくづく	態	とそらのくもを見あげ	（小岩89）
わたくしが〜さらに△つくづく	態	とこの焼石〜をみわたせば	（鎔岩240）
すきとほるものが〜☆ほのぼの	態	とかゞやいてわらふ	（小岩86）
小さな蚊が〜☆ほのぼの	態	と吹きとばされ	（オホ191）

ABCB　　　　6〔6〕

わたくしは☆でこぼこ	態	凍つたみちをふみ	（屈折20）
この　でこぼこ	態	の雪をふみ	（屈折20）
ガラス障子は〜　でこぼこ	態		（小岩71）
浮標(ブイ)をなげつけた　でこぼこ	態	のゆきみちを	（小岩76）
その☆でこぼこ	態	のまつ黒の線	（東岩142）
月は水銀を塗られた　でこぼこ	態	の噴火口からできてゐる	（風の222）

ABABT　　　　1〔1〕

柏木立の〜闇が☆きらきらつ	態	といま顫へたのは	（風林166）

ATBAB　　　　2〔2〕

太刀を浴びては☆いつぷかぷ	態		（原体122）
胃袋はいて☆ぎつたぎた	態		（原体122）

ATBR　　　　27〔9〕

わたくしは　かつきり	態	みちをまがる	（小岩101）

3. 宮沢賢治の心象スケッチにみるオノマトペ

からだを〜黒く　かつきり	態	鍵にまげ	（電線126）
陽(ひ)がいつか　こつそり	態	おりてきて	（小岩79）
おまへも△さつぱり	態	らくぢやない	（蛔虫65）
こんな　さつぱり	態	した雪のひとわんを	（永訣157）
ああいい　さつぱり	態	した	（松の160）
口をすゝいで　さつぱり	態	して往かう	（白い172）
耳ごうど鳴つて△さつぱり	態	聞けなぐなつたんちやい	（青森178）
△しつかり	態	なさい	（真空55）
△しつかり	態		（真空55）
もしもし△しつかり	態	なさい	（真空55）
鳥はいよいよ△しつかり	態	となき	（東岩144）
高等遊民は〜△しつかり	態	した執政官だ	（不貪211）
苦扁桃(くへんたう)の匂がくる△すつかり	態	荒(す)さんだひるまになつた	（真空52）
みんな△すつかり	態	変つてゐる	（小岩73）
海面は〜△すつかり	態	銹びた	（オホ189）
雨が〜△すつかり	態	とつてしまつたのだ	（風の222）
せびろなどは☆そつくり	態	おとなしい農学士だ	（小岩68）
眼には△はつきり	態	みえてゐる	（青森179）
こんなに　ぱつちり	態	眼をあくのは	（青森177）
そこで△ゆつくり	態	とどまるために	（小岩70）
私は△ゆつくり	態	と踏み	（東岩144）
雲はさつきから△ゆつくり	態	流れてゐる	（樺太199）
萱の穂のあひだを△ゆつくり	態	あるくといふこともいゝし	（不貪210）
一疋の馬が△ゆつくり	態	やつてくる	（風景と217）
農夫は〜△ゆつくり	態	くる	（風景と217）
穹窿(きゅうりゅう)と草をはんにち△ゆつくり	態	あるくことは	（一本238）

ANBR　　　　　5〔2〕

それは　しよんぼり	態	たつてゐる宮沢か	（風林166）
山は☆ぼんやり	態		（雲の38）
山は☆ぼんやり	態		（雲の38）

　　　　　　外套の袖に　ぼんやり　　態　手を引つ込めてゐる　　　（東岩141)
　　　あけがたのなかに☆ぼんやり　　態　としてはひつてきた　　　（青森181）
　ABRABR　　　　　　2〔2〕
　　　　　アンネリダダンツェーリン
　　赤い　蠕虫舞手　は～　くるりくるり　態　と廻つてゐます　　　（蠕虫64）
　　　　　　　　　りんご
　　金いろの苹果の樹が◎もくりもくり　態　と延びだしてゐる　　　（真空51）
　ABRAB"R　　　　　1〔1〕
　　　　　　　　　　◎ナチラナトラ　態　のひいさまは　　　　　　（蠕虫63）
　ATBATB　　　　　　1〔1〕
　　禁猟区のためでない◎ぎゆつくぎゆつく　　音　　　　　　　　　（小岩78）
　ATBRATBR　　　　　1〔1〕
　　　　　　　　　　ぽつかりぽつかり　　　態　しづかにうかぶ　（真空50）
　ABABABAB　　　　　2〔2〕
　　　　　　　雀～田にはひり◎うるうるうるうる　態　と飛び　　　（グラ124）
　せいしんてきの～火が～☆どしどしどしどし　態　燃えてゐます　（コバ26）
　ABCB"ABCB"　　　　2〔1〕
　　　　　　　　　　◎ちらけろちらけろ　音　四十雀　　　　　　　（不貪210）
　　　　　　　　　　◎ちらけろちらけろ　音　四十雀　　　　　　　（不貪210）
　ATBATBATBATB　　　1〔1〕
　Rondo Capriccioso◎ぎゆつくぎゆつくぎゆつくぎゆつく　音　（小岩78）

4. オノマトペの分布の特色

　オノマトペの分布を語彙表にまとめてみる。延べ語数を数字で，異なり語数を〔　〕内数字で示す。

　宮沢賢治のオノマトペは，語根2拍型が7割，語根1拍型が3割を占め，とりわけ語根2拍反復型が3分の1（語彙量で4割弱）を占めて多い。

　賢治のオノマトペは，擬態語が8割弱，擬音語が2割強を占める。特に，語根2拍型では擬態語が8割を越え，圧倒的に多い。語根1拍型では擬音語が4割弱（語彙量で5割弱）を占め，比較的多い。

　形式（型）と擬態語・擬音語の別との対応は，語彙表から明らかである。A形式では，AT，A：T，AN，ANANの各形式（音便添加型）は擬態語の専用

4. オノマトペの分布の特色　　　　　　　　　　　　　　109

形　式	延べ	異なり	擬音語	擬態語	清音	半濁音	濁音	接　続
AT	9	[8]	2 [2]	7 [7]	6 [5]	1 [1]	2 [2]	と 9 [8]
AN	17	[5]	2 [1]	15 [4]	16 [4]	1 [1]		と 15 [4]
A：	3	[3]	3 [3]		2 [2]		1 [1]	ど 1 [1]
A：T	2	[2]		2 [2]			2 [2]	と 2 [2]
ANAN	14	[5]	2 [1]	12 [4]	4 [2]		10 [3]	
A：A：	5	[4]	5 [4]		1 [1]		4 [3]	
AAA	1	[1]	1 [1]		1 [1]			
AAAA：	1	[1]	1 [1]				1 [1]	
AAZAA	1	[1]	1 [1]				1 [1]	
AAAAAZAA	4	[1]	4 [1]				4 [1]	
A形式 小計	57	[31]	21[15]	36[17]	30[15]	2 [2]	25[14]	と 27[15]
ABT	7	[7]		7 [7]	3 [3]		4 [4]	と 7 [7]
ABN	4	[2]		4 [2]	1 [1]		3 [1]	と 4 [2]
ATB	2	[1]	2 [1]				2 [1]	
A：B	2	[1]	2 [1]		2 [1]			
ABAB	63	[43]	13[11]	50[33]	22[18]	7 [7]	34[18]	と 4 [3]
								に 3 [3]
								で 1 [1]
								の 8 [5]
ABA'B	6	[3]		6 [3]	6 [3]			と 6 [3]
ABCB	6	[1]		6 [1]			6 [1]	の 4 [1]
ABABT	1	[1]		1 [1]	1 [1]			と 1 [1]
ATBAB	2	[2]		2 [2]	1 [1]		1 [1]	
ATBR	27	[9]		27 [9]	26 [8]	1 [1]		と 2 [2]
ANBR	5	[2]		5 [2]	1 [1]		4 [1]	と 1 [1]
ABRABR	2	[2]		2 [2]	2 [2]			と 2 [2]
ABRAB"R	1	[1]		1 [1]	1 [1]			の 1 [1]
ATBATB	1	[1]	1 [1]				1 [1]	
ATBRATBR	1	[1]		1 [1]		1 [1]		
ABABABAB	2	[2]		2 [2]	1 [1]		1 [1]	と 1 [1]
ABCB"ABCB"	2	[1]	2 [1]		2 [1]			
ATBATBATBATB	1	[1]	1 [1]				1 [1]	
AB形式小計	135	[81]	21[16]	114[66]	69[42]	9 [9]	57[30]	と 28[22]
								に 3 [3]
								で 1 [1]
								の 13 [7]
合　計	192	[112]	42[31]	150[83]	99[57]	11[11]	82[44]	と 55[37]
								に 3 [3]
								で 1 [1]
								の 13 [7]

に近く，Ａ：，Ａ：Ａ：，ＡＡＡ…の各形式（長音型，拍反復型）は擬音語の専用である。ＡＢ形式では，ＡＢＴ，ＡＢＮ，ＡＢＡ'Ｂ，ＡＢＣＢ，ＡＢＡＢＴ，ＡＴＢＡＢ，ＡＴＢＲ，ＡＮＢＲ，ＡＢＲＡＢＲ，ＡＢＲＡＢ"Ｒ，ＡＴＢＲＡＴＢＲ，ＡＢＡＢＡＢＡＢの各形式（音便添加型，「り」添加型，変形反復型，4回反復型）は擬態語，ＡＴＢ，Ａ：Ｂ，ＡＴＢＡＴＢ，ＡＴＢＡＴＢＡＴＢの各形式（促音長音挿入型）は擬音語の専用である。変形反復型のＡＢＣＢ"ＡＢＣＢ"形式は，賢治の造語であるが，例外的に擬音語である。反復型のＡＢＡＢ形式は，8割が擬態語，2割が擬音語として用いられている。

　延べ語数と異なり語数の差の少ないＡＴ，Ａ：，Ａ：Ｔ，Ａ：Ａ：，ＡＢＴ，ＡＢＡＢ，ＡＴＢＡＢ，ＡＢＲＡＢＲ，ＡＢＡＢＡＢＡＢの各形式（促音添加型，長音型，反復型）は，オノマトペの種類が多く，バラエティに富んでいて，独創的なものも多い。延べ語数と異なり語数の差の大きいＡＮ，ＡＮＡＮ，ＡＴＢＲ，ＡＮＢＲの各形式（撥音添加型，「り」添加型）は，オノマトペの種類が少なく，慣用的なものが多い。

　濁音始まりの多いＡ：Ｔ，ＡＮＡＮ，Ａ：Ａ：，ＡＢＮ，ＡＴＢ，ＡＢＣＢ，ＡＮＢＲの各形式は，その形式的特徴に関わりなく，東北の風土に根ざした沈鬱な心象風景を表すのに用いられ，独創的なものも多い。清音始まりの多いＡＴ，ＡＮ，ＡＴＢＲ，ＡＢＲＡＢＲの各形式は，その形式的特徴に関わりなく，清冽な心象を表すのに用いられる。反復型のＡＢＡＢ形式は，5割強が濁音始まり，3～4割が清音始まり，1割が半濁音始まりで，語彙量では濁音始まりと清音始まりは4割強で同じである。濁音始まりのオノマトペに，賢治の思い入れの強いことが知られる。

　接続では，ＡＴ，Ａ：Ｔ，ＡＢＴ，ＡＢＡＢＴ，（表情音言語化を除く）ＡＮ，ＡＢＮ，ＡＢＡ'Ｂ，ＡＢＲＡＢＲの各形式（音便添加型，清濁反復型，「り」添加反復型）のすべてが「と」に接続して，副詞となる。Ａ：，ＡＴＢＲ，ＡＮＢＲ，ＡＢＡＢ，ＡＢＡＢＡＢＡＢの各形式（長音型，「り」添加型，反復型，4回反復型）も「と」（濁音化を含む）に接続して，副詞となる。反復型のＡＢＡＢ形式は，「と」だけでなく，「に」「で」に接続して，副詞あるいは形容動詞連用形となり，「の」に接続して，連体修飾成分となる（いわばオノマトペの名詞的用法である）。ただし，ＡＮＡＮ，Ａ：Ａ：の各形式（撥音添加反復型，長音反復型）は後置詞

に接続しないで，そのままで副詞となる。なお，ABAB，ATBRの各形式は，代動詞「する」にも接続する。

5. 独創的なオノマトペ

　表現的あるいは文脈的に独創的なオノマトペをいくつか取り上げてみる。
　「しん」は，状態の共起や状況の連動を示す「と」で受ける。〔ʃ〕音は，摩擦（抵抗感）を受けながらも通り抜けるさまを示す。〔i〕音は，限定された領域を示す。AN形式「しん」は，静寂の余韻を示し，余情を湛える。
　「ひのきもしんと天に立つころ」（春と31）では，大地の自然がそのまま宇宙につながる清冽で聖なる心象が表される。賢治の自然即宇宙という普遍宇宙（生命宇宙）観が示される。賢治の心象のなかで，東北の大地に生えるひのきは天に向かって伸びて宇宙を貫き，無音のなかに精神的な宇宙の声の響きを聴く。ひのきという限定された垂直的ないのちの動きが，宇宙全体に交響する。
　「きらっ」は，「と」で受ける。前述したように，〔k〕音は乾いて硬質なイメージ，〔r〕音は滑らかに回転するイメージ，各母音は広がり方を示す。ABT形式「きらっ」は，輝きが開始して瞬時に終る，時間的な短さ・速さ，緊張感を示す。限定された輝きが回転しながら，瞬時に全体にわたる。
　「すすきはきらっと光つて過ぎる」（雲と212）では，すすきが風になびいて陽の光を受けるさま，一瞬すすきが反転してそれに伴って輝きも反転してまた消えるさまが，視点の転換による心象として表される。いのちの煌めきが示される。
　「きらきら」は，「と」で受けるとは限らない。ABAB形式「きらきら」は，限定された輝きが回転しながら全体にわたる一般的継続を示す。
　「背中きらきら燦いて」（蠕虫64）では，明るい陽の光を浴びて，水のなかの蠕虫の背中が輝きを放ち，その輝きが回転しながら周囲に広がり続ける心象が表される。太陽と蠕虫が呼応したいのちの煌めきの継続が示される。
　「ぎらっ」は，「と」で受ける。〔g〕音は，重苦しく濁った鈍い（醜い）イメージ，抵抗を受けながら進むイメージを示す。ABT形式「ぎらっ」は，鈍く重苦しい輝きが開始して瞬時に終る，時間的な短さ・速さ，緊張感を示す。
　「わたくしはずゐぶんすばやく汽車からおりた／そのために雲がぎらっとひ

かつたくらゐだ」(小岩68) では，停車場ですばやく汽車から降りたために，頭上の雲が一瞬反転して，薄暗いどんよりとした東北の空のなかで鈍く重い光を放ってまた視野から消えるさまが，視点の転換による心象として表される。自然（宇宙，生命）の暗鬱な側面が，賢治自身の深層心理に潜む暗鬱な心情とともに，示される。

「ぎらぎら」は，「と」で受けるとは限らない。ABAB形式「ぎらぎら」は，鈍く重苦しいイメージが閉鎖的に部分に限定されながら，抵抗を受けながら回転するイメージとなって，全体に及ぶ一般的継続を示す。

「縮れて雲は<u>ぎらぎら光り</u>」（第四229）では，賢治自身の深層心理に潜む煩悩の蠢き，修羅の争闘する自尊心が，嫉妬や憎しみの光となって，暗鬱な空のなかの醜く縮れた雲の放つ鈍く重苦しい輝きの継続する心象として，表される。雲は，天と地との間にあって，清冽で聖なる天（精神の高み）を覆う煩悩あるいは闘争心（修羅の心）を象徴する。

■ 発展問題

(1) 宮沢賢治の童話のなかのオノマトペと比較してみよう。たとえば，「風は<u>どうどう</u>空で鳴ってるし」（宗教風の恋）と童話『風の又三郎』のなかの「どっどど　どどうど　どどうど　どどう」とを比較してみる。

(2) 中原中也の詩のなかの独創的なオノマトペと比較して，その身体感覚性や思想性の違いを考察してみよう。

(3) 幸田文の散文のなかのオノマトペと比較して，その身体感覚性や思想性の違いを考察してみよう。

■ 参考文献

1) プラトン『クラテュロス　テアイテトス』プラトン全集（岩波書店，1974）
2) ソシュール『一般言語学講義』小林英夫訳（岩波書店，1940）
3) 國廣哲彌「五感をあらわす語彙―共感覚比喩的体系」（『言語』1989年11月号，大修館書店，1989）
4) 田守育啓『オノマトペ　擬音・擬態語をたのしむ』（岩波書店，2002）

5) 浅野鶴子・金田一春彦『擬音語・擬態語辞典』(角川書店, 1978)
6) 天沼　寧『擬音語・擬態語辞典』(東京堂出版, 1974)
7) 桑原幹夫「賢治のオノマトペ」(『作家の詩神』桜楓社, 1976)
8) 苧阪直行『感性のことばを研究する』(新曜社, 1999)
9) 河原修一「擬音語・擬態語についての文法的考察」(島根国語国文6, 1995)
10) 河原修一「宮沢賢治の心象スケッチにみるオノマトペ」(金沢大学国語国文29-30, 2004 －2005)

第11章 「もしもし」の由来は「申す」か？

【総合語彙・呼びかけ語彙】

キーワード：挨拶，呼びかけの場面，待遇，表現形式，転成

1. 対話の始まりは呼びかけから

　様々な生活の場面における人と人との出会いは，言語表現のうえでは，まず呼びかけから始まる。

　呼びかけには，A. 自分への注意を惹くことば（「あのう」「もしもし」「こらっ」など），B. 相手への呼名・呼称（「鈴木君」「おばさん」「そこの赤い服を着た人」など），C. 定型化した挨拶ことばによる代用（「こんにちは」「すみません」「ただいま」など），D. 挨拶としての話題の切り出しによる代用（「いい天気になりましたねえ」「お元気ですか」「この間はどうもお世話になりました」など）などがある。

　呼びかけも，広義には挨拶に含まれる。

　挨拶とは，ある集団の文化的行動パターンとして，人と人との出会いや別れ，約束事などに際して取り交わされる，親しみや敬意を表す言語的・身体的な表現である。

　ここでは，呼びかけの表現としてAを中心に取り上げる。C・Dは，呼びかけ以外にも用いられる。以後，特に断らない限り，単に「呼びかけの表現」というときは，Aによる表現を指すことにする。

　呼びかけの表現は，聞き手との関係を含む具体的な場（脈絡，状況）のうえに成り立つ。表現以前に，コミュニケーションへの欲求という動機に基づいて，話し手となるべき決意がある。表現に際して，聞き手との関係を踏まえた場への判断あるいは配慮が働く。

ところで，呼びかけの表現は，時代につれて，その言語形態も意味も使用される場も変化してきた。たとえば，現代では，電話における呼びかけとして形式化した「もしもし」も，少し時代を遡れば，異なる場面で用いられていたし，その淵源をたどれば「申す」との関連がありそうである。そこで，古代語から現代語への過渡期といわれる室町時代末期あるいは江戸時代初期における呼びかけの表現について，調べてみよう。

2. 室町時代末期あるいは江戸時代初期における呼びかけ

　ここでは，室町時代末期あるいは江戸時代初期における当時の談話語を比較的反映していると思われる大蔵虎明『狂言之本』を資料とする。書写は江戸時代初期（1642年）であるが，大蔵流では代々口伝を重んじていたから，むしろ虎明が師とした祖父虎政（1598年没）の活躍した室町時代末期の談話語を反映していると思われる。というのも，狂言は当時の庶民の日常談話語を台詞として用いていたからである。

　翻刻された刊本によって，呼びかけの場面を抜き出す。
　呼びかけの表現が用いられる場面として，六つの場合が考えられる。
　(1) 他家を訪問して，玄関先で案内（取次ぎ）を請う場合
　(2) 知人・縁者の家を訪問して，直接本人に呼びかける場合
　(3) 道中で見知らぬ人に呼びかける場合
　(4) 顔見知りの人に呼びかける場合
　(5) 話しているときに，ある事柄について注意を喚起する場合
　(6) 他所から帰参して，玄関先で呼びかける場合

　人間関係のあり方によって，呼びかけにおける待遇表現は異なる。呼びかけの場面における表現形式を抜き出し，待遇の違いによって分類してみる。
　呼びかけの表現には，相手との関係に応じて，(a) 丁寧な言い方 (b) 普通の言い方 (c) ぞんざいな言い方 (d) 古めかしい言い方がある。
　総索引を用いて，それぞれ分類された表現形式の延べ語数をカウントして，どのような表現形式の使用が優勢であるかを調べる。表にしてみる。

(a) 丁寧な言い方			(b) 普通の言い方			(c) ぞんざいな言い方		
物申す	1	(0.5)	あの	6	(5.1)	やい	111	(49.8)
物申ぞ	1	(0.5)	な	1	(0.9)	やいやい	91	(40.8)
物申	94	(45.0)	なう	50	(42.7)	やいやいやい	2	(0.9)
案内申し候	3	(1.4)	なうなう	53	(45.3)	ゑい	16	(7.2)
案内申さう	1	(0.5)	やあ	4	(3.4)	ゑいゑい	3	(1.3)
案内申	11	(5.3)	やあやあ	3	(2.6)	計	223	(100)
しいしい申	3	(1.4)	計	117	(100)			
しし申	1	(0.5)						
申	24	(11.5)						
いや申	1	(0.5)	(d) 古めかしい言い方					
いかに申	5	(2.4)	いかに	48	(88.9)			
申々	63	(30.1)	いかにや	1	(1.9)			
申々々	1	(0.5)	いかにやいかに	5	(9.3)			
計	209	(100)	計	54	(100)	総計	603	

※（　）内の数字はパーセント，以下同じ

　丁寧な言い方では，「物申」「申々」「申」「案内申」の順に，普通の言い方では，「なうなう」「なう」「あの」「やあ」の順に，ぞんざいな言い方では，「やい」「やいやい」「ゑい」の順に，古めかしい言い方では，「いかに」「いかにやいかに」の順に，優勢に用いられている。
　語形から，表現形式は「物申」「案内申」系，「申」系，「あの」系，「なう」系，「やあ」系，「やい」系，「ゑい」系，「いかに」系に大別される。
　次に，それぞれの表現形式がどういう場面で，どういう意味で用いられているかについて，個別に検討する。

3. 丁寧な呼びかけ

　「物申」「案内申」系の表現形式は，(1)の場面で，初対面でも顔見知りでも，身分の上下に拘らず，世間的な常識あるいは作法として，用いられる。文化的行動としての挨拶という意味がある。
　①ものもふ（餅酒／加賀の百姓→奏者）たそ（奏者→加賀の百姓）
　②爰にいつも同道仕るおかたが御ざるほどに，さそふて参らふ，物申（連

3. 丁寧な呼びかけ

　　　歌毘沙門／男一→男二）たそ（男二→男一）
　　③物申（二人袴／親→太郎冠者）案内まふとはたそ（太郎冠者→親）
　　④参る程にこれじや，もの申，あんなひ申（夷毘沙門／毘沙門→舅）
　　　ものまふと有は，いかやうなる御がたぞ（舅→毘沙門）
　　⑤もの申，あんない申（鶏猫／藤三郎の子→太郎冠者）
　　　案内とは誰にて渡り候ぞ（太郎冠者→藤三郎の子）

　①は初対面で身分の高い人に，②は顔見知りで身分の同等の者に，③は親族で目下の者に用いられている。応答は「たそ」という問いかけが一般的である。③〜⑤から，「物申」と「案内申」がほぼ同じ意味で用いられていることがわかる。また，④⑤のように「物申，案内申」と連続して用いる方が，応答の丁寧さからみて，より儀礼的であると考えられる。

　　⑥もの申す（伯母が酒／鬼（甥）→伯母）たそ（伯母→鬼（甥））
　　⑦まいる程に是じや，物申ぞ（伯母が酒／甥→伯母）たそ（伯母→甥）

　⑥は鬼に扮装した甥が荘重にやや古めかしく，⑦は甥が頼みごとがあって勢いこんで言ったと思われる。「物申す」から「物申」に変化したと考えられる。

　　⑧物まふ案内申さう（二千石／大名→太郎冠者）
　　　…ものまふとはどれからぞ（太郎冠者→大名）（…は略，以下同じ）
　　⑨あんなひ申候（布施無経／檀家→住持）
　　　案内とは誰にて渡り候ぞ（住持→檀家）
　　⑩…いかに案内申候（梟／兄→山伏）…案内と云は，たそ（山伏→兄）

　「案内申」よりも⑧⑨⑩の方が順にさらに古い語形で，応答の丁寧さからみて（山伏は尊大とされていて例外），より儀礼的である。また，応答を比較してみて，「物申」より「案内申」の方がやや古い形式で，儀礼的と考えられる。
　「申」系の表現形式は，(2)(3)(5)(6) の場面で，初対面でも顔見知りでも，身分の上下に拘らず，相手の行動を中断する非を詫びるかたちで，用いられる。
　「しいしい申」「しし申」は，(3) の場面で用いられる。

　　⑪是へわつはと申て参る程に，つれがあるかとぞんじたれは只一人じや，
　　　…是に言葉をかけて見う，しい＼／申（鼻取相撲／太郎冠者→新座の者）
　　　こなたの事てござるか（新座の者→太郎冠者）

⑫是へわつはと申て参程に，つれがあまたあるかとぞんずれば，只一人じ
　　や，是に言葉をかけう，<u>しゝ申</u>（餅酒／加賀の百姓→越前の百姓）
　　こなたの事で御ざるか（越前の百姓→加賀の百姓）
　⑪の頭注に「叱々（シツシツ）」とあり，「申（まう）」に先行する部分は擬声語で，演じるたび
に長音化したり短音化したりしたと考えられる。「しいしい」は単独では，騒
ぎや発言を制止するときに用いられる。
　⑬（（しいゝ／と云て又云てきかする））（八幡の前／教え手→聟）
　⑪⑫で，前に「是へわつはと申て参（る）程に」とあるように，相手が声を
上げて何かに夢中になっているときに，「中断して申し訳ないが」という気持
ちで添えると考えられる。
　初対面の人に対する丁寧な遠慮深い最初の呼びかけで，応答も「こなたの事
でござるか」という丁寧な問い返しが一般的である。
　「申（まう）」も同様に（3）の場面で用いられる。
　⑭<u>申</u>あれにたゝれたるは，某がたのふだ人で御ざるが，清水へ妻の事をき
　　せいいたされて御ざれば…もしさやうの御かたにてはござらぬか（伊文
　　字／太郎冠者→女）（（ウナヅク））
応答を比較してみて，「しいしい申（まうし）」「しし申（まうし）」よりも「申（まうし）」の方がやや気楽
な呼びかけであると考えられる。
　「申（まうし）」は，（5）の場面でも用いられる。初対面でも顔見知りでも，身分の高
い人に対して，前に言葉のやりとりがあって，やや心安い気持ちで，何か新た
に気づいたり思いついたりするときに用いられる。
　⑮一だんおもしろひ，そなたはたゞ人にではおりなひぞ（禁野／大名→雑
　　領の者）<u>申</u>あれにきぢがいまらする（雑領の者→大名）
　⑯つらうよゝ／，おかみさまをつらふよ（（一へんひいて））<u>申</u>こなたへ申
　　たひ事が御ざる，…それを私にくだされひ（釣針／太郎冠者→主）
　⑮は初対面ではあるがすでに言葉を交わしていて，気持ちが通じている。⑯
は主従の関係で，日頃から互いに気心が知れている。
　「いや申（まうし）」「いかに申（まうし）」も，同様に（5）の場面で用いられる。「いや」「いか
に」という感動詞を添えることにより，自分の意思を明確に伝えようとする。
　⑰まかぶらのなりも，口わきのくわつと耳まできれたも，そのまゝように

3. 丁寧な呼びかけ

た（（と云てなく））（鬼瓦／大名→太郎冠者）
　いや申，いまいましひ事仰らるゝ，もはややがておくだりなされてあわせられうものを，むさとした事仰らるゝ（太郎冠者→大名）
⑱いかに申，むこ殿のお出でござる（岡太夫(おかだいふ)／太郎冠者→舅）
　こなたへとをらせられひといへ（舅→太郎冠者）

⑰では，「いや」は「や」の強めで，驚きなどの感情を表出して，相手を諌める。⑱では，「いかに」は様態を尋ねる古語で，改まった形で，相手を促す。「申(まうし)」は，尊敬語の疑問を伴って，(2)(6)の場面で用いられる。

⑲いそひでいはふ，申ござるか（髭櫓(ひげやぐら)／告げ手→夫）
　何事でおじやる，ようおじやつた（夫→告げ手）
⑳申しきかせらるゝか（塗師(ぬし)／妻→師匠）何事で御ざるぞ（師匠→妻）
㉑いやもどり付た，申ござるか　両人ながらもどつてござる（目近籠骨／太郎冠者・次郎冠者→果報者）
　両人ながらもとつたか（果報者→太郎冠者・次郎冠者）
㉒申御ざるか＼／（末広がり／太郎冠者→果報者）
　太郎冠者もどつたか（果報者→太郎冠者）

⑲⑳は，丁寧な礼儀に適った呼びかけであるが，日頃親しい間柄での直接のやりとりである。応答も，尊敬語の疑問で問い返したり，歓迎の言葉を添えたりしている。

㉑㉒は，主人の言い付けで他所に赴いていた従者の帰参と報告という場面で，主従関係にあるが，日頃親しい間柄での直接のやりとりである。
「申々(まうしまうし)」は「申(まうし)」を重ねて用いた形で，「申(まうし)」よりも念を押した言い方となる。

㉓是へ一段のつれがまいる，言葉をかけう，申々（かくすい／摂津の百姓→播磨の百姓）こなたの事で御ざるか（播磨の百姓→摂津の百姓）
㉔今一度かへつて，お奏者にもわらはしまらせうずと存る（筑紫の奥／丹波の百姓→奥筑紫の百姓）それは一段よからう（奥筑紫の百姓→丹波の百姓）いざさらはもどらう（丹波の百姓→奥筑紫の百姓）申々（奥筑紫の百姓→奏者）汝らはまだくたらぬか（奏者→奥筑紫の百姓）たんばの者が申は，…おそうしやもわらはしられい（奥筑紫の百姓→奏者）

㉕申々おやどにござるか，太郎冠者が参つた（墨塗／太郎冠者→女）
　やれさて太郎くわじやめづらしや（女→太郎冠者）
㉖((…申々太郎くわじやがもどつて御ざる))（張蛸／太郎冠者→果報者）
　((もどつたか))はりだこをもとめてきたか（果報者→太郎冠者）

㉓は，(3)の場面で「しいしい申」とほとんど同じ意味で（少々心安く）用いられ，「申」よりも改まった言い方となっている。それに対する応答も同様である。㉔は，(5)の場面で「申」よりも丁寧に恐縮しながらも，身分の高い相手に自分の意思を伝えようとして切り出している。㉕は(2)の場面で，㉖は(6)の場面で，「申」よりも独立的に用いられている。

「申々々」は「申」をさらに重ねて用いた形で，「申々」よりも感情表出の甚だしい言い方である。

　㉗にくさもにくし，まーどおこさう，申々々（鞍馬参／太郎冠者→主）
　((きもつぶす))なんぞ（主→太郎冠者）

㉗は，(5)の場面で，ほとんど怒鳴りたてる言い方である。

　丁寧な呼びかけの表現形式は，文法的にはもともとは謙譲動詞だった「申す」を含んだ形となっている。「申」系の表現形式は，「申す」の連用形の転成を中心とし，恐縮しながらも話し手の存在についての注意を喚起する。現代では，「申々」の縮約形「もしもし」という言い方で残っていて，見知らぬ人への呼びかけや電話での応対に用いられる。

4. 普通の呼びかけ

「あの」系の表現形式は，(5)の場面で，驚きや詠嘆を含んで訊き返す場合に用いられる。

　㉘最前は申おとひてござる，中にもえてすまふを取ますると仰られひ（鼻取相撲／新座の者→太郎冠者）あのかた＼／のや（太郎冠者→新座の者）

「あの」系の表現形式は，指示語の転成による。現代では，「あのう」という言い方で残っていて，ためらいを含んだ呼びかけや，話のつなぎとして用いられる。

　㉙なふきやうこつや，あのおしんぼちさまは，何しにござつた（御茶ノ

水／女→新発意)

㉙では，ためらいを含んだ話のつなぎとして用いられている。
「なう」系の表現形式は，(3)(4)(5)の場面で，身分の上下に拘らず，親密感を前提とした気楽な呼びかけとして用いられる。

㉚なみよ，さうもおりやるまひ(岡太夫／聟→妻)
あまりのたへがたさに，…なんといたさうぞ(妻→聟)
㉛なふおうぢご，此国にやうらうの滝といふて，…まいつてござるぞ(薬水／孫一→祖父)何といふぞ(祖父→孫一)
㉜なふきかしますか(朝比奈／閻魔王→朝比奈)
なに事ぞ(朝比奈→閻魔王)
㉝なふさて只今はなにとおほしめして御ざあつたぞ，…(墨塗／女→大名)
其事，…ころならず無沙汰を致た(大名→女)

㉚は，(5)の場面で，親密な相手に共感・同意を求めながら，話しかけている。
㉛㉜は，(5)の場面で，気楽な言い方ながら，懇願・依頼の気持ちをこめて問いかけている。
㉝は，(4)の場面で，親密な相手に自分の意思を伝えようとしている。
「なうなう」は「なう」を重ねた言い方で，相手に対する働きかけの意識が強い。

㉞いなか者とみえて，わつはと申，是にあたつてみうと存る，なふ＼／
(末広がり／売手(すっぱ)→太郎冠者)
こなたの事でござるか(太郎冠者→売手)
㉟なふ＼／(鶏聟／教え手→聟)是にいまする(聟→教え手)
㊱なふ＼／只今は何事を仰られたぞ(連歌毘沙門／男二→男一)
いや＼／何事でもおりない(男一→男二)

㉞は，(3)の場面で用いられるが，「申」系よりも余裕のある気楽な呼びかけである。初対面ながら，疎遠さを感じさせない言い方である。
㉟は，(4)の場面で，親密感を伴う呼びかけとして用いられている。
㊱は，(5)の場面で用いられるが，「なう」よりも相手に対する働きかけが強く，懇請・説得などを示している。

「なう」系の表現形式は，もともと間投助詞の「な」に由来する。詠嘆，押念，呼びかけという発達過程を踏んでいるとされる。感情表出だけでなく，相手への共感の求めという機能もある。「申(もうし)」系が遠慮がちな呼びかけであるのに対し，「なう」系は感情をこめた気兼ねのない呼びかけである。現代では，「なあ」「ねえ」「ねえねえ」という言い方で残っている。

「やあ」系の表現形式は，(4)(5)の場面で，身分に関係なく，顔見知りの相手に対する感情をこめた呼びかけとして用いられる。

㊲いやたれでおじやる（乞胥／舅→胥）わたくしでござる（胥→舅）

やあそなたはなにしにおじやつた（舅→胥）

その事でござる，…もどれといふてくだされひ（胥→舅）

㊳おのれはいせのねぎと見えた，…おりおれ（（と云て引立る））（禰宜山伏(ねぎやまぶし)／山伏→禰宜）や，是は何とめさるゝぞ（禰宜→山伏）

やあ＼／そなたはらうぜきな事をめさるゝ，何事をあそばす（茶屋→山伏）おのれはゑしるまひ，ひつこめ（山伏→茶屋）

㊲は，(4)または(5)の場面で用いられるが，驚きなどの感情を含む。㊳は，(5)または(4)の場面で用いられるが，驚き・呆れなどの感情を含みながら，抗議・非難・制止などの相手への働きかけが強い。

「やあ」系の表現形式は，もともと間投助詞の「や」に由来する。驚嘆から呼びかけへの発達過程を踏んでいるとされる。思いがけない出来事への感情表出という機能がある。「なう」系が共感を求める呼びかけであるのに対し，「やあ」系は意外性を含む呼びかけで，ややぞんざいな語感を伴う。現代では，久し振りの再会の場面での使用から懐かしさが取り出されて，仲間内での挨拶として用いられている。

5. ぞんざいな呼びかけ

「やい」系の表現形式は，(3)(4)(5)の場面で，身分的に同等または目下の者に対して，ぞんざいに，尊大または軽卑的に，時には喧嘩腰で用いられる。

㊴やい下六めすはやい（麻生／藤六→下六）

何とめすといふか（下六→藤六）

㊵やいこひ，水なりとのませたらはとりかへせ（今参／大名→太郎冠者）

5. ぞんざいな呼びかけ

かしこまつた（太郎冠者→大名）

㊶言語道断のやつじや，<u>やい</u>ようきけ，はりだこといふは，…なんのかのとぬかす，あちへうせおれ（張蛸／果報者→太郎冠者）

しても京の者がさやうに申た（太郎冠者→果報者）

㊴は，(4)の場面で，同僚という仲間内の気楽な呼びかけである。㊵は，(5)の場面で，目下の者に対する命令調の言い方である。㊶は，(5)の場面で，苛立ちをこめて説明したり叱りつけたりする場合で，目下の者に対する怒気を含んだ言い方である。

㊷<u>やい＼／</u>，それはがんか（（なまつていふ））（雁盗人／大名→売手）

中々雁で御ざる（売手→大名）

㊸<u>やい＼／</u>両国の百性これへ参れ（餅酒／奏者→加賀・越前の百姓）

（（二人いづる））

㊹<u>やい＼／</u>やるまひぞ，たらしめ<u>やい＼／</u>（二人大名／大名一・二→通行人）（（といひておいいり））

㊺<u>やい＼／＼／</u>（鍋八撥／羯鼓売→浅鍋売）

是はいかやうなるおかたで御ざるぞ（浅鍋売→羯鼓売）

㊷は，(3)の場面で，無知で尊大な田舎大名が，目下の者と見做して横柄な態度で呼びかける。通常は，初対面の相手にはぞんざいな言い方で呼びかけない。㊸は，(4)の場面で，身分の低い者に対する命令調の言い方である。㊹は，(5)の場面で，怒りの感情を表出する。㊺も，(5)の場面で，喧嘩腰で呼びかける。

「やい」を重ねるほど，直接的な感情表出を伴いやすく，人間関係の決裂に至ることが多い。

「やい」系の表現形式も，もともと間投助詞の「や」に由来するが，「い」という掛け声に近い接尾辞が付加して，ぞんざいな語感を伴う。「やあ」系は親愛感を伴うこともあるが，「やい」系は疎外感を伴って対立的になることも多い。現代でも，人間関係の決裂を覚悟した言い方として用いられている。

「ゑい」系の表現形式は，(5)の場面で，目下の者に対して，念を押して促すように用いられる。

㊻やひしびりよ，…<u>ゑひ</u>，しびり，<u>ゑひ</u>，あふ，今のをきかせられたか

（痺（しびり）／太郎冠者→主）今のがしびりが返事か（主→太郎冠者）

㊼やがてこい，ゑい（末広がり／果報者→太郎冠者）

㊽ゑひ（鼻取相撲／大名→太郎冠者）あつ（太郎冠者→大名）

㊾しうのこゑをきゝわするゝほどぶほうこうして，此間はどちへおりやつたそ，ゑい（二千石／大名→太郎冠者）

㊻は，親愛感をもって懇願しながら念を押す言い方である。㊼㊽は，念を押して実行を促す命令的な言い方である。㊾は，怒気を含んで理由を示しながら叱りつける言い方である。

㊿やい＼／なんぢがつまがほしくは，西門にたちたをつまとさだめひ，ゑい＼／（因幡堂／女（薬師如来）→男）…あつ＼／（男→女）

(51)あれほどの…のみふせるよひのまぎれに（餅酒／越前の百姓→奏者）

ゑい＼／，めん＼／のみねんぐに付てよめ（奏者→越前の百姓）

それにとうどつまつた（越前の百姓→奏者）

㊿は，薬師如来に扮装した女が，男に向かって，念を押して実行を促す命令的な言い方である。(51)は，途中でさえぎって，怒気を含んで叱りつける言い方である。

「ゑいゑい」は「ゑい」に比べて，さらに命令的な言い方で，応答も承諾を中心とし，反抗の余地はない。

「ゑい」系の表現形式も，もともと間投助詞の「ゑ」に由来するが，「い」という掛け声に近い接尾辞が付加して，命令的な語感を伴う。「やい」系はある話のきっかけをなす言い出しの言葉であるが，「ゑい」系はある話のしめくくりをなす念押しの言葉であることが多い。現代では，「おい」「おいおい」という言い方で残っている。

6. 古めかしい呼びかけ

「いかに」系の表現形式は，前代から引き続いて用いられ，古めかしい語感を伴うから，一般に改まった丁寧な言い方であるが，ときには尊大な勿体ぶった言い方にもなる。(1)～(5) の場面で，親疎・身分に拘らず，用いられる。

(52)…いかに案内申候（梟／兄→山伏）…案内と云は，たそ（山伏→兄）

㊺いかにおうぢご，孫共がおもてへまいつた，でさせられい（薬水／孫一→祖父）何といふぞ，まご共が見まいにきたといふか（祖父→孫一）
㊾いかにそうもん申候（唐相撲／日本人→通辞）
そうもん申さんとはいかやうなる者ぞ（通辞→日本人）
㊿いかにざい人，いそげとこそ（朝比奈／閻魔王→罪人）
㊱いかに二郎くわじや（鶏猫／太郎冠者→二郎冠者）
何事ぞ（二郎冠者→太郎冠者）
㊲いかにむこ殿へ申，これがわれらのひさうのむすめにて有，…（賽の目／舅→聟）近比かたじけなひ，…（聟→舅）

㊼は，(1)の場面で，「案内申候」を伴って用いられ，単独では用いられない。㊺は，(2)の場面で，呼称を伴って用いられる。㊾は，(3)の場面で，「奏聞申候」を伴った丁重な呼びかけである。㊿は，(3)の場面で，呼称を伴った尊大な呼びかけである。㊱は，(4)の場面で，呼称を伴った普通の呼びかけである。㊲は，(5)の場面で，呼称および「申す」を伴った丁寧な呼びかけである。

㊳いかにやかた＼／きゝたまへ，誠の聟に，なりたくはたからをわれに，たび給へ（夷毘沙門／舅→夷・毘沙門）
いで＼／たからをあたゑんとて，＼／（毘沙門→舅）（（舞かけりあり））
㊴いかにやいかに今まいり，参りがきたる烏帽子は，ほこらにぞにたる（今参／大名→今参）そりやさも候，中にかみが候へは（今参→大名）

㊳㊴は，(5)の場面で，呼称を伴った丁寧な呼びかけである。拍子にかかった語りという古語の脈絡のなかで，用いられている。

「いかに」系の表現形式は，様態を尋ねる疑問の副詞の転成による。すでに古語となっていて，その古めかしさによって，様々な待遇を表す。現代では，用いられていない。

7. 現代語における呼びかけとの比較

ここで，前掲した表を，表現形式の語形に基づく系統によって，カウントしてまとめてみる。現代語における表現形式を想起して，比較してみよう。

「やい」系が多いのは，狂言の内容の特質と関わるかもしれない。現代で

は，負の面が大きく，一般的ではない。

「物申(まう)」「案内申(まう)」系は，現代語では残存せず，「ごめんください」という言い方が用いられている。謝罪の表現から呼びかけの表現への転用で，漢語に由来する。

「申(まうし)」系は，現代語では「もしもし」という丁寧な呼びかけの表現形式として用いられている。

「物申(まう)」「案内申(まう)」系	111	(18.4)
「申(まうし)」系	98	(16.3)
「あの」系	6	(1.0)
「なう」系	104	(17.2)
「やあ」系	7	(1.2)
「やい」系	204	(33.8)
「ゑい」系	19	(3.2)
「いかに」系	54	(9.0)
総計	603	(100)

「なう」系は，現代語では「ねえ」「ねえねえ」という普通の呼びかけの表現形式として，主に女性の間で用いられている。「ゑい」系は，現代語では「おい」というぞんざいな呼びかけの表現形式として，主に男性の間で用いられるが，一般的ではない。「やあ」系は，現代語では普通の呼びかけの表現形式として，主に男性の間で仲間内で用いられている。「あの」系は，現代語では「あのう」というためらいを含んだ普通の呼びかけとして，また，話の途中で言いよどんだときのつなぎとして，用いられている。

■ 発展問題

(1)「えいえいおう」という掛け声の由来について，考察してみよう。

(2) 江戸時代には，他家を訪問して，玄関先で案内（取次ぎ）を請う場面で，どのような表現形式を用いていたか，調べてみよう。特に，「頼む」という動詞に由来する表現に注意してみる。近松門左衛門の浄瑠璃台本などを資料にするとよい。

(3) 現代語の談話資料で，呼びかけの表現を調べてみよう。

■ 参考文献

1)『言語』1981年4月号　特集「あいさつの言語学」（大修館書店）
2)『國文學―解釈と教材の研究―』1999年5月号「あいさつことばとコミュニケーション」（學燈社）

3) 池田廣司・北原保雄『大蔵虎明本狂言集の研究・本文篇』(表現社,1972)
4) 北原保雄・村上昭子『大蔵虎明本狂言集・総索引』(武蔵野書院,1984)
5) 森田良行「感動詞の変遷」(品詞別日本文法講座6 『接続詞・感動詞』明治書院,1973)
6) 照井寛子「もしもし―ものもうす(物申す)もうし(申し)」(講座日本語の語彙11『語誌Ⅲ』明治書院,1983)
7) 河原修一「室町時代談話語の研究(その二)―呼びかけの表現―」(『島根女子短期大学紀要』34,1996)

第12章　清少納言の物言いは幼いか？

【数量語彙・語彙史】

キーワード：和語系数量表現，漢語系数量表現，付属形態素，合成語，類標識（classifier）助数詞（auxiliary numeral），数量接尾辞，数量接頭辞，数量名詞，可数名詞（countable-noun），「－つ」型，「－り」型，「－たり」型，「－か」型

1. 蛍，烏などの数え方―和文における世界の切り取り方―

清少納言の『枕草子』第一段「春は曙」を読むと違和感を覚える部分がある。

　　夏は夜。月のころはさらなり。闇もなほ，蛍のおほく飛びちがひたる。また，ただ<u>一つ二つ</u>など，ほのかにうち光りて行くもをかし。……
　　秋は夕暮。夕日のさして山の端いと近うなりたるに，烏のねどころへ行くとて，<u>三つ四つ，二つ三つ</u>など飛びいそぐさへあはれなり。

彼女は，蛍も烏も「一つ，二つ」という言い方で表現している。今日ならば，蛍は「一匹二匹」，烏は「一羽，二羽」という言い方をする。なんでも「一つ，二つ」の言い方で間に合わせてしまうのは幼い物言いであるのだが，清少納言はなぜこのような表現をしているのであろうか。

『枕草子』を調べると，「一つ，二つ」の方式で数えているのは「蛍」「烏」に限らない。次のようなものもこの方式で数えている。

　　歌　　草子に歌一つ書け（二一・清涼殿の丑寅の隅の）　　　　＊一首
　　御衣　紅の御衣三つばかりを（二六〇・関白殿，二月二十一日に）＊三着
　　指　　ただ指一つしてたたくが（七三・うちの局）　　　　　　＊一本
　　衣　　その衣一つ取らせて（八三・職の御曹司におはしますころ）＊一着
　　蛇　　二尺ばかりなる蛇の……一つは動かず，一つは動かしければ…

1. 蛍，鳥などの数え方

		（二二七・社は）	＊一匹
車	昨日は車一つにあまた乗りて（二〇六・見物）		＊一台
直衣	ただ直衣一つ着たるやうにて（三三・小白川といふ所は）		＊一枚
文字	人の返事も，書きてやりつる後，文字一つ二つ思ひなほしたる。		
		（九一・ねたきもの）	＊一字

　実は，このような一見幼い物言いは，清少納言だけではなく，平安時代の女房階級一般に及ぶ。たとえば，紫式部も同様なのである。

御座（敷物）	塗籠に御座一つ，敷かせたまひて（夕霧）	＊一枚
指	指一つを引き寄せて，食ひて侍りしを（帚木）	＊一本
女車	女車のことごとしきさまにはあらぬ一つ（宿木）	＊一台
琴	さては琴一つぞ持たせたまふ。（須磨）	＊一面
腰（飾紐）	腰の一つありけるを，引き結び加へて（宿木）	＊一本
木実	赤き木実一つを顔に放たぬと見えたまふ（蓬生）	＊一個
台	篝火の台一つ，こなたに（常夏）	＊一個
調べ（曲）	調べ一つに手を弾きつくさむ事（若菜下）	＊一曲
手（曲）	をかしき手一つなど，すこし弾きたまひて（横笛）	＊一曲
匣	香壺の匣を一つさし入れたり。（葵）	＊一個
単衣	生絹なる単衣一つを着て（空蟬）	＊一枚
物怪	例の執念き御物怪一つさらに動かず。（葵）	＊一体
禄	禄の唐櫃に寄りて，一つづつ取りて（若菜上）	＊一個
和琴	すぐれたる和琴一つ（若菜上）	＊一面

　私たちは，それぞれの用例の右端に例示したような種々の表現に慣れているので，これらを区別せずに，一様に「一つ」としてしまっている『枕草子』や『源氏物語』の表現に幼さを感じてしまう。しかし，これらの作品が「和文」という文体で書かれていることを思えば，この印象批評は訂正しなければならない。
　和文においては，和文なりの世界の切り取り方がある。「一つ，二つ」の物言いは，古代の人々の，現代人とは異なる世界の切り取り方を示したものなの

である。そのことを次節以下で述べることにしよう。

2. 和語系数量表現と漢語系数量表現

　和語における数の数え方は，普通「ひ・ふ・み・よ・いつ・む・なな・や・ここの・とお」であると考えられている。たとえば，平田篤胤(ひらた あつたね)が『神字日文伝(かんなひふみのつたえ)』（文政二，1819）で神代文字(じんだいもじ)として示した「日文(ひふみ)」は，「ひ・ふ・み・よ・い・む・な・や・こ・と・も・ち……」となっている。また，人名の「一二三」という表記は「ひふみ」と読むのが普通である。

　ところが，「ひ」または「ひぃ」という音節で「一」を意味するのは，数を唱える時だけであり，数量語彙としては「ひと」である。「二」を意味する「ふ」あるいは「ふぅ」も同様で数量語彙としては「ふた」である。

　また，「ひと」「ふた」などの和語系数量語彙は，単独では使用されない付属形態素であり，類標識となる「つ」や「り」「たり」「か」の付属形態素（助数詞または数量接尾辞）や「日(ひ)」「月(つき)」「年(とし)」などの名詞と結合して合成語となる。

　このように「ひと・ふた・み・よ・いつ・む・なな・や・ここの」には独立性がないので，文法的には数量接頭辞としてよい。

　しかし，「とお」だけは例外で，「十(とお)の戒め」（十戒(じっかい)），「今年で十(とお)（十歳）になります」のように単独で使用されるので，文法的には数量名詞と判定される。

　一方，漢語系数量語彙は「一(イチ)を聞いて十(ジュウ)を知る」や「一(イチ)をもっ以て万(マン)を知る」のように，単独でも用いられる独立形態素であり，文法的には名詞に属し，数量名詞と判定される。

　次頁の表は，古代語における数量表現を和語系と漢語系にわけて示したものである。

　和語系のうち，接頭辞接尾辞の結合によるものは慣用的結語であり，自由性がないが，類標識が名詞のものは自由性があり，いくらでも新しい表現が可能となる。漢語系のものは名詞と名詞の結合であるから，いくらでも新しい表現が可能となる。すなわち，計量の対象となる名詞の数だけ数量表現ができるということである。

3. 類標識，可数名詞について

和語系数量表現	一	二	三	四	四	五	六	六	七	七	八	八	九	九	十	名詞接頭辞
数量	ひと	ふた	み	よ	よつ	いつ	む	むゆ	なな	なぬ	や	やう	ここ	ここぬ	とを	
類標識	つ	り	つき	ところ	か	もじ	たり	か	とせ	か	しま	か	へ	か	つら	名詞助数詞
類	単体	人	月	所	字	人	日	年	日	島	日	重	日	列		類

漢語系数量表現	一	一	二	三	四	四	五	六	六	七	八	八	九	九	十	十	名詞接頭辞
数量	イチ	イッ#	ニ	サン	シ	シイ#	ゴ	ロク	ロッ#	シチ	ハチ	ハッ#	ク	キウ	ジフ	ジッ#	
類標識	ニチ	コ	ニン	バン	キ	ジ	タイ	ダイ	カイ	ガツ	ダイ	サツ	リン	カイ	アク	キ	名詞
類	日	物体	人	順序	季節	時	体	台	階	月	代	本	輪	回	罪悪	騎	

*「とを」には，接頭辞（「とをか」）と名詞の二用法がある。
**#を付したものは，付属形態素で，数量接頭辞。

3. 類標識，可数名詞について―「－つ」型で表現できる名詞―

　類標識のうち，「日・月・年・所・島」など名詞であるものは指示的意味が明白であり，問題とするところはない。この種のものは，臨時的にいくらでも数量表現を生成できるのである。

　問題となるのは，「つ・り・たり・か」など，数助詞あるいは数量接尾辞とされるものである。そのうち，「り」「たり」は人の数，「か」は日日(ひにち)の数とはっきりしているので問題がない。考えるべきものは「つ」ということになる。

　第1節で例示したように，「－つ」で数えられる対象はかなり雑多であるが，あえて共通点を求めると，輪郭がはっきりとしていて，単体としてまとまりを有するものということになる。言い換えると，「－つ」は数えられるものの標識として機能しているので，日本語の可数名詞（countable-noun）のマークということになり，「－つ」で数えられているものは可数名詞（countable-noun）ということになる。

　漢語系で「つ」に相当するものは「個・箇」であるが，これらは，物体という概念と強く結び付いているため，「歌・調べ・物怪(もののけ)」などには使用できない。

「つ」の使用域はかなり広い。

接尾辞「ども」は複数を表すので，「ども」が下接するものは可数名詞ということになる。『源氏物語』の接尾辞「ども」が下接する名詞を列記すると下の表のようになる。

『源氏物語』の可数名詞一覧

I	1	物	物
	2	植物	稲 植木 枝 木 梢 木立 花 節 み山木
	3	動物	馬 猫 上馬 鳥 猫 鮒 虫
モ	4	器物・道具	胡床 具 籠 衣函 高杯 壺 箱 盤 鬚籠 火取 檜破籠 袋 蓋 罍子 折敷
	5	家具	皿 調度 唐櫃 几帳 きよら（なる調度品） 細工 障子 屏風
ノ	6	敷物	御座 茵
	7	楽器	琴 弾物 笛
	8	乗物	出し車 車 舟
	9	織物・布	東絹 綾 織物 緋金錦
	10	着物	袙 衣 装束 衣 袖 袖口 直衣 細長
	11	薫物	薫物 香
	12	品物	贈物 薬 賭物 被け物 紙 唐物 禄
	13	書簡・書籍	かんがへ文 草子 冊子 集 たより 文 反故 本 物語
	14	文字	文字
	15	絵画	絵 女絵
	16	財産 宝	処分 宝物
II	1	種類	類
III	1	屋	板屋 内 茅屋 倉町 曹司町 下の屋 住処 僧坊 鳥居 塀 屋 廊
トコロ	2	部位 場所	表 御前 前栽 建石 端
	3	空間	隙間
IV	1	霊 怪異	物怪
V	1	人	阿闍梨 尼 有識 家の子 妹 鵜飼 後見 上 上人 占 老人 翁 行ひ人 親 弟 代り 子 師 陰陽師 妻 乳母 楽人 神楽面 家司 下衆 験者 異同胞 御膳 五位 才人 相人 賢ら人 しはふるひ人 下人 下べ 上手 上臈 衆 四位 好き者 受領 鷹飼 唯人 稚児 弟子 殿上人 舎人

3. 類標識, 可数名詞について   133

			宿直人　内侍　なま者　女官　女房　ねび人　博士　同胞(はらから) 非参議の四位　人　笛吹　舟子　古人　別当　舞姫　客人 宮司　宮人　娘　者　山がつ　山人　山伏　郎等　若人　童べ 田舎人　院司　院づかさ　絵師　衛府の佐　男　をのこ　女 女子
	2	習慣	癖
	3	関係	仲　よすが
	4	身(み)身体	顔　髪　手　身　目
	5	心・精神	心　心ばへ　心惑ひ　好き心
	6	年齢	齢(よはひ)
Ⅵ サ マ	1	様・装	有様　口付　様　様形　頭付　形　姿　手付　宿直姿　直衣姿　装
	2	気分	気色　けはひ　心地
	3	色	色　鈍色(にびいろ)
	4	音	楽　声　大曲　調子　音(ね)　乱声(らんざう)
	5	自然	蔭　流れ
Ⅶ コ ト	1	事	事　すさび事　雑事　好き事　大事　作り事　儚し事　判 が事　古事(ふるごと)
	2	連用形名詞	遊び　預かり　あはひ　争ひ　急ぎ　偽り　出で消え　祈り 覆ひ　掻き合せ　心比べ　ことづけ　好み　定め　しつらひ 契り　伝へ　慎み　手習ひ　訪ひ　仲らひ　悩み　ひが覚え 人まね　隔て　絆(ほだ)し　紛れ　舞ひ　昔語り　もて遊び もてなし　よそひ　酔ひ泣き
	3	行事	産養　節会　大饗
	4	政	政(まつりごと)　公事(くじ)　法(のり)
Ⅷ	1	言(こと)	祝言(いはひごと)　ささめき言　願　願文　言(こと)　言の葉　言葉　古言　遺言 詫び言
Ⅸ	1	技・業	すさび技(わざ)　業(わざ)
Ⅹ	1	前例・基準	例(ためし)

　Ⅰは「モノ」に属するものである。現代語の物は物体であることを基本とするが, 古代語の「モノ」は物体であるとは限らない。Ⅰ-14の「文字」, -16の「処分」などまで「モノ」とみなし, 可数名詞としている。古代語は現代語と比較し, 可数名詞の幅が広い。「モノ」に属するものは, 「一つ」の型で表現される。

Ⅱは同一種や類似物の集合体を意味するものである。現代語では「類概念」などのように抽象的であるが，古代語では「仲間」と同義で具体性が強く，その結果，可数名詞となるのであろう。

Ⅲは建物やその集合体である町などを表すもの，表裏，隙間など空間に関するもので，本章では「トコロ」と名付けておく。Ⅲ-3などは可数名詞とするには抵抗があるが，これらも「－つ」の型で表現される。

Ⅳは霊的存在で，現代人の感覚ではとても「一つ，二つ」とは数えられないものであるが，「例の執念き御物怪一つさらに動かず……」（葵）とあり，「－つ」型で数えられているので，やはり可数名詞であることは間違いないだろう。

Ⅴは「ヒト」と分類しておく。Ⅴ-1は，「－り」「－たり」の型で表現される可数名詞であり，問題ない。

Ⅴ-2の「癖」は今日も「無くて七癖」の諺が生きており，可数名詞であることに違和感がない。強く違和感を感ずるのは，Ⅴ-3の「仲，よすが」及び，Ⅴ-5の「心，心ばへ」などである。これらはいずれも人に属するものであり，人が可数名詞であるので，これらも可数名詞になるのであろうとでも考えるほかない。古代語の可数名詞の幅広さを特に感じさせられるグループである。

Ⅵは「サマ」と分類したものである。視覚的，聴覚的様態を表すものである。これらも「ひとまとまりのもの」，単体と意識し，可数名詞としたものであろう。

Ⅶは「コト」と分類したものである。これらは「モノ」のような可視性に乏しく，抽象的ですらある。これらも可数名詞とすることには抵抗を感じる。

ⅧはⅦと同様に「コト」なのであるが，こちらの「コト」は「言」の「コト」である。聴覚的存在で可数名詞とするには抵抗がある。ⅨやⅩと一緒にして，「ひとまとまり」感が可数名詞とするのであろう。

以上，かなりの数の可数名詞を一覧すると，古代語における「－つ」型表現の広がりを実感せざるをえない。清少納言や紫式部の物言いはこのような古代語の可数名詞意識に支えられたもので，決して，個人的物言いではないということになる。

4. 類標識の種類―和語的世界,可数名詞世界の分節―

　和語的数量表現においては,類標識が重要な働きをし,和語的世界,特に可数名詞世界を分節する。本節では,「－つ,－り,－たり,－か」以外にどのようなものがあったか表にして示す。

古代語の助数詞

	助数詞	例	
1	－えだ（一枝）	雉一枝参らせたまふ。	（行幸）
2	－かさね（一重,一襲）	青き色紙かさねに……	（常夏）
3	－かた（一方）	いま一方の御気色も……	（少女）
4	－かへり（一辺）	いま一かへり折り返し謡ふを……	（竹河）
5	－ぐ（一具）	御料とて人の奉れる御衣一具……	（末摘花）
6	－くさ（一種）	かのわが御二種のは……	（梅枝）
7	－くだり（一領）	御装束一領……	（桐壺）
8	－くだり（一行）	心に入れず走り書いたまへりし一行ばかり……	（梅枝）
9	－こと（一事）	一事としておろそかにかろめ申したまふべきには侍らねば……	（若菜上）
10	－こと（一言）	そのさきに,物一こと聞こえさせおかむ……	（若紫）
11	－ことば（一言葉）	からかりし折の一言葉こそ忘られね……	（藤裏葉）
12	－こゑ（一声,二声）	いま一声……	（帚木）
13	－すぢ（一筋,二筋）	下紐をただ一筋に恨みやはする	（宿木）
14	－たび（一度,再び）	いま一度取り並べてみれば……	（帚木）
15	－つき（一月,三月）	三月になりたまへばいと著きほどにて……	（若紫）
16	－つぼ（一壺）	昔の薫衣香のいとかうばしき,一壺具して賜ふ。	（蓬生）
17	－て（一手）	例へば碁をうつ人,一手もいたづらにせず	（徒然・一八八）
18	－ところ（一所,二所）	一所の御光には押し消たれためり。	（葵）
19	－とせ（一年,二年）	この二年こもり侍る坊に侍るなる。	（若紫）
20	－ば（二葉,三葉）	二葉より名だたる園の菊なれば……	（藤裏葉）
21	－ひ（一日）	のどやかに一日二日うち休みたまへ。	（若紫）
22	－ひら（一枚）	屏風の一枚たたまれたるより……	（東屋）
23	－ふし（一節）	竹河のはしうち出でしひとふしに……	（竹河）
24	－へ（一重）	帳の帷子を一重うち掛けたまふにあはせて……	（螢）
25	－ま（一間,二間）	御格子一間あげて……	（夕顔）

26	－まき（一巻）	紙一巻，御硯の蓋に取りおとして奉れば……	（野分）
27	－め（一目）	ただ一目見たまひし宿りなり……	（花散里）
28	－もと（一本，二本）	紫のひともとゆゑに武蔵野の花はみながら あはれとぞ見る	（古今・雑上・読人しらず）
29	－よ（一夜，二夜）	今は一夜も隔てむ事の……	（葵）
30	－よろひ（一具）	三尺の御厨子一具に……	（紅葉賀）
31	－わたり（一渡）	難き調子どもを，ただ一わたりに習ひ取りたまふ	（紅葉賀）

　以上が『源氏物語』を中心とした古代語における類標識となる助数詞である。事物・事柄により各種の表現を採用することは日本語の特徴の一つであり，煩わしいことである。そのため，外国人が日本語を学習する際，ひとつの障害となる。

5. ロドリゲス『日本大文典』（1604～1608）記載の和語系助数詞

　日本語は規則性の点において弱く，慣用にたよる度合いの強い言語である。助数詞はその典型的例の一つである。

　天正五（1577）年に来日した，ポルトガル人宣教師ジョアン＝ロドリゲスは日本語に熟達し，日本語に関する初めての「文典」を著述している。その中で，彼は次のように24語に及ぶ和語系助数詞を紹介している。以下，これらを簡略化し下の表に示す。

ロドリゲス『日本大文典』記載の和語系助数詞

	類	助数詞（類標識）	例
1	歩数	足（Axi）	Fitoaxi, Futaaxi, Miaxi
2	鐙・魚（鯛）	懸（Caque）	Fitocaque, Futacaque
3	小袖（対）・紙（束）	重（Casane）	Fitocasane, Futacasane, Micasane
4	十個の瓜	頭（Caxira）	Fitocaxira, Futacaxira, Micasira
5	装飾	荘（Caxari）	Fitocazari, Futacazari, Micazari
6	刀・脇差	腰（Coxi）	Fiticoxi, Futacoxi
7	鞍・釜	口（Cuchi）	Fitocuchi, Futacuchi
8	雨合羽・藁・莫塵・蓑	首（Cubi）	Fitocubi, Futacubi, Micubi
9	唐傘	本（Hon, Bon）	sambon
10	油単雨皮	枚（Mai）	gomai

6. 漢語系数量表現の発達

11	袴・肩衣	下 (Cudari)	Fitocudari, Futacudari, Micudari
12	行	行 (Cudari)	Fitocudari, Futacudari, Micudari
13	冑	刎 (Fane)	Fitofane, Futafne, Mifane
14	太刀	振 (Furi)	Fitofuri, Futafuri, Mifuri
15	鷹	職 (Moto) 羽 (Fane)	Fitomoto, Futamoto, Mimoto Fitofane
16	草	本 (Moto)	Fitomoto, Futamoto, Mimoto
17	雲・牛馬・羊・鹿（集団）	群 (Mure)	Fitomure, Futamure, Mimure
18	紐・縄・帯・糸・絃・腹帯 毛・縞・矢	筋 (Sugi)	Fitosugi, Futasugi
19	香	炷 (Taqui)	Fitotaqui, Futataqui, Mitaqui
20	鳩・鴨・鳥類の番	番 (Tcugai)	Fitotcugai, Futatcugai
21	対をなす矢	手 (Te)	Fitote, Futate, Mite
22	薙刀	柄 (Yeda)	Fitoyeda, Futayeda, Miyeda
23	人		Fitori, Futari, Yottari ＊これら三語に限定され、他は、Sannin, gonin のように「‐nin」の形で言う。
24	日	日 (Ca)	Fitofi, fifitofi Futcuca, Micca, Yocca, Itcuca, Muica, Nanuca, Yoca, Coconoca Toca, Fatcuca

　この複雑さは語学の天才ロドリゲスを驚嘆させ、平凡な日本語学習者を慨嘆させたことであろう。

6. 漢語系数量表現の発達——和語系数量表現の限界——

　上述したように和文世界において、活発に使用されていた和語系数量表現であるが、これには重大な欠陥があった。

　「‐つ」型の表現は、「九つ」が限界で十については使用できない。以下、「二十、三十、四十」など十の倍数については表現できないという根本的不備を有する。

　「‐り」「‐たり」型の表現は「八人」が限界で「九人」以上は使用できない。

　「‐か」型の表現域も狭い。まず、「一日」が使用できず、「一日二日」とい

うアンバランスな表現をするほかない。さらに，「十日(とをか)」以上においては，「二十日(はつか)」「三十日(みそか)」「五十日(いか)」「百日(ももか)」を除くと「ーか」型の表現ができない。

　和語系数量表現の欠陥を補うものとして，漢語系数量表現が発達した。前節で紹介したロドリゲスの『日本大文典』に記載された漢語系助数詞を紹介すると下の表となる。

ロドリゲス『日本大文典』記載の漢語系助数詞

	類	助数詞(類標識)	例
1	人数	人 (nin)	Ichinin
2	荷の量	荷 (ca)	Icca, Nica, Sanga
	樽・薪・水	Taru icca	
3	国・日・年・所・寺・傷	ケ (ca)	Iccacocu, Iccanichi, Quizu iccaxo
4	禁戒の単位	戒 (cai)	Iccai, Gocai, Jiccai, gofiaccai
5	位	階 (cai)	Iccai, nicai
6	釣竿	竿 (can)	Iccan ＊Fitotcurizauo (一釣竿)
7	大きな魚	喉 (con)	Iccon ＊Fitonodo (一喉)
8	鮭・鱈	尺 (xacu)	ixxacu
9	樽	箇 (co)	Taru icco
10	文章の一行	行 (co)	Iccouo some soro. (一行を染め候)
11	時間	刻 (cocu)	Iccocu
12	酒	献 (con)	Iccon, Sangon, Gocon, Xichicon, Cucon
13	連歌，平曲，舞	句 (cu)	Cotoba iccu. Iccu mancu (一句万句)
14	文章の単位	句 (cu)	Jiuo casanete Cu, Cuuo casanete Xo, xo uo casanete Fen, Fenuo casanete Bu
15	弓・琴	張 (cho)	Yumi iccho, Coto nicho. (琴二張)
16	墨・蝋燭	挺 (cho)	
17	鉄砲・石火矢・鑓・鋤・鍬	挺 (cho)	
18	距離・面積	町 (cho)	jiccho
19	音楽の調子	調子 (choxi)	Junichoxi
20	同数を加えることの単位	倍 (bai)	Ichibai, Nibai
		相倍 (zobai)	Ichizobai, Nizobai, Sanzobai
21	順番・順序	番 (ban)	Ichiban, Niban, Samban
		番目 (banme)	Ichibanme
22	碁・将棋・双六・能・鼓・謡・舞・太鼓・狂言	番 (ban)	

6. 漢語系数量表現の発達

23	銅貨千枚の括り	緡 (bin)	Ichibin
24	作品・著作	部 (bu)	Xomot ichibu
25	最小の単位	分 (bu)	Ichibu ＊bun（分）, Sun（寸）, Xacu（尺）, Quen（間）, Cho（町）, Ri（里）, Gio（丈）, Firo（尋）, Issun ichinibu（一寸一二分）
26	畠, 土地の単位	歩 (bu)	Ichibu ＊Fitoxe（一畝）, Ittan（一反）, Iccho（一町）
27	米の単位	石 (cocu)	Ichicocu, ＊Ichicocu itto（一石一斗） Ixxo（一升）, Ichigo（一合）, issat（一撮）
28	馬の積荷の単位	駄 (da)	Ichida
29	梯子・階段の単位	段 (dan)	Ichidan agaru.（一段上がる）
30	時代・世代	代 (dai)	Ichidai
31	回数・度数を数える単位	度 (do)	Ichido
32	畳を数える単位	畳 (gio)	Tatami ichigio（畳, 一畳）
33	紙を数える単位	帖 (gio)	Cami ichigio（紙, 一帖）
34	隊列の単位	陣 (gin)	Ichigin
35	重なる物の単位	重 (giu)	Giubaco sangiu aru（重箱三重ある）
36	米を量る単位	合 (go)	Ichigo ＊Ixxo（一升）の十分の一。
37	揃い物の単位	具 (gu)	Fune, Vmano doguuo ichiguto yu.（舟, 馬の道具を一具という）
38	月を数える単位	月 (guet)	Ichiguet, Niguet
39	軍隊の単位	軍 (gun)	Ichigun
40	文字を数える単位	字 (gi)	Ichigi Ichigi itten（一字一点）
41	折敷や椀を数える単位	膳 (jen)	Voxiqui, Van ichijen（折敷, 椀一膳）
42	巡回を数える単位	巡 (jun)	Ichijun Ippen mauasu coto（一遍, 回すこと）。連歌など。
43	紙・板・筵・毛氈・板金 金・金(きん)・銀を数える単位	枚 (mai)	Ichimai
44	能面などを数える単位	面 (men)	Jono vomote ichimen（尉の面一面）
45	碁・将棋・双六の盤の単位	面 (men)	ichimen
46	硯・琵琶を数える単位	面 (men)	ichimen
47	銅貨の単位	文 (mon)	Jeni ichimon
48	問いの単位	問 (mon)	Ichimon
49	年を数える単位	年 (nen)	Ichinen

50	経巻を数える単位	巻 (quan)	Quio ichiquan（経一巻）
51	筆・笛・昆布を数える単位	管 (quan)	Ichiquan
52	車を数える単位	輛 (rio)	Ichirio
53	金・薬を数える単位	両 (rio)	Ichirio
54	具足を数える単位	領 (rio)	Ichirio
55	簾を数える単位	簾 (ren)	Ichiren
56	数珠・柿・串鮑の単位	連 (ren)	Ichiren
57	里程の単位	里 (ri)	Ichiri
58	粒状の物を数える単位	粒 (riu)	Ichiriu
59	家・堂を数える単位	宇 (v)	Ichiv
60	鳥を数える単位	羽 (ua)	Facucho, Tcuru ichiua（白鳥，鶴一羽）
61	綿・草・藁の一束	把 (ua)	Ichiua
62	説法・談義・ミサなどの一回分のこと	座 (za)	Ichiza
63	薬の調合の単位	剤 (zai)	Cusuri ichizaiuo auasuru（薬一剤を合はする）
64	夜の数を数える単位	夜 (ya)	Ichiya
65	太刀の数を数える単位	腰 (yo)	Tachi ichiyo（太刀一腰）
66	木の葉を数える単位	葉 (yo)	Icque ichiyono vochi chiru mademo（一華一葉の落ち散るまでも）
67	銭を数える単位	貫 (quan)	Icquan 銭千文のこと。
68	家の数を数える単位	軒 (quen)	Iye xenguen（家千軒）
69	騎馬の数を数える単位	騎 (qui)	Ichimangui（一万騎），Icqui tojen（一騎当千）
70	死者のためにある儀式を行うための十二年間	紀 (qui)	Icqui
71	土を運ぶ道具，畚（もっこ）を数える単位	簣 (qui)	Icqui
72	几帳・塔・など据えて置くものを数える単位	基 (qui)	Icqui
73	菓子の台などを数える単位	客 (quiacu)	Icquiacu
74	重両の単位の一つ。	斤 (quin)	Icquin
75	杯など器物に満たした量を数える単位。	杯 (fai)	Ippai Ippainomu（一杯飲む），Mexi sambai（飯三杯）

6. 漢語系数量表現の発達

76	瓶を数える単位	瓶 (fei)	Ippei
77	作品の部分の単位	編 (fen)	Ippen
78	回数を数える単位	返 (fen)	Ippen. Oracio, Nembut ippen jippen fiappen & C.mosu（オラショ，念仏一辺，十辺，百辺，など申す）
79	馬・獣などを数える単位	匹 (fiqui)	Ippiqui
80	銭・絹・布を数える単位	疋 (fiqui)	Jeni ippiqui（銭一疋）百文。Jippiqui（十疋）は千文。Fiappiqui（百疋）は一万文。
81	米・塩を入れる俵・袋・梱（こり）を数える単位	俵 (fio)	Ippio
82	畑の広さの単位。十畝。	歩 (fo)	Ippo
83	舟を数える単位	帆 (fo)	Ippon
84	位階を数える単位	品 (fon)	Ippon, Nifon, Sambon また仏典の章・編 Focquequio niju fappon（法華経二十八品）
85	竹・木・鑓・扇・針を数える単位	本 (fon)	Ippon
86	書画などの掛物を数える単位	幅 (fucu)	Ye ippucu（絵一幅）
87	茶・薬の一度分。	服 (fucu)	Cha ippucu nomu（茶一服飲む），cusuri ippucu mochiyu（薬一服用ゆ）
88	銀貨の単位	分 (fun)	Ippun
89	年齢を数える単位	歳 (sai)	Issai, Nisai, Sansai
90	書簡・書物を数える単位	冊 (sat)	Issat
91	米のある量。容積の単位	撮 (sat)	come Issat（米一撮）　＊勺の百分の一
92	一対の屏風・瓶・鈴・土瓶などを数える単位	双 (so)	Isso
93	舟を数える単位	艘 (so)	fune isso（舟一艘）
94	樽を数える単位	樽 (son)	Taru isson xinji soro（樽一樽進じ候）
95	折敷・椀・菓子盆・皿・茶碗・紙などの一束	束 (socu)	Issocu
96	靴・履物・鞠・短靴などの一対。	足 (socu)	Issocu
97	長さの単位	寸 (sun)	Issun Ichibu, ichibun より長い。
98	袋を数える単位	袋 (tai)	Cha fantai（茶半袋）
99	霊的散在を数える単位	体 (tai)	Anjo, Anima, Tengu. De' goittai, gottai no DEUS（アンジョ，アニマ，天狗。デ

			ウス御一体，御一体のデウス）
100	回数を数える単位	旦 (tan)	Ittanua mosozu（一旦は申さうず）
101	田畠の広さの単位	反 (tan)	Ta fataque ittan（田畠一反）
102	木綿・布・絹・緞子の大きさの単位	端 (tan)	Ittan
103	雨滴・水滴を数える単位	滴 (tequi)	Ittequi
104	米を量る単位	斗 (to)	Itto, Nito, Sando, Goto, Rocuto. 十升。
105	手紙・書簡を数える単位	通 (tcu)	Ittcu, Nitcu
106	対になる絵・筆・瓶・鈴などを数える単位	対 (tcui)	Ittcui
107	長さの単位	尺 (xacu)	Sun xacu（寸尺） Saque tarano vuo fitotcuuo ixxacuto yu（鮭鱈の魚一つを一尺という）
108	貨幣の単位	銭 (xen)	Jeni ichimon（銭一文）
109	特定の土地・所・部分を数える単位	箇所 (caxo)	Iccaxo, Nicaxo
110	米を量る単位	升 (xo)	IXXO 合の十倍。升の十倍は斗。
111	死後満一年ごとの儀式	周忌 (xuqui)	Ixxuqui
112	香の一回分の量	炷 (xu)	Ixxu
113	重両の単位	銖 (xu)	Ixxu 黍百粒の重さ。
114	和歌などを数える単位	首 (xu)	Ixxuno utauozo nocosarequeru（一首の歌をぞ残されける）
115	宿泊数を数える単位	宿 (xucu)	Ixxucu
116	武具を数える単位	縮 (xucu)	Yoroi ixxucu（鎧一縮）

　おそらく，実際使用された助数詞はこれだけではなかったに違いない。それにしても，驚嘆するほどの繁雑さである。ほとんどマニアックと言ってもよいだろう。日本語は可数名詞の世界を百を越える助数詞（類標識）で切り刻んでいたのだ。

　現代語を考えると上記の他に，飛行機を数える単位（－機），投球数を数え単位（－球）羊羹や箪笥を数える単位（－棹），鱈子など魚の魚𦤶（はららご）を数える単位（－腹）など，漢語系，和語系ともに数を増やしている。民族あげて日本語の複雑化，繁雑化に励んでいるとしか考えられない。まさに，マニアックなのである。

ところで，漢語系数量表現は全ての数値について採用できるという点で，和語系数量表現より優れているが，助数詞の余りの多様さにより，運用上の不具合を生じさせたという点で劣っている。これはこれで困ったことではある。

日本語は規則的言語ではなく，慣用性の強い言語であることを最もよく示すものの一つが助数詞の在り方である。このことは日本語を学習する外国人学習者ばかりでなく，日本人自身をも悩ましているというのが実情であろう。

しかし，一方，この繁雑さにマゾヒスティクな喜びを感じたら日本語にはまってしまうことになる。日本語にはまってしまっていたかも知れない，ジョアン＝ロドリゲスの驚異的収集力に感謝し，敬意を表して本章を閉じる。

■ 発展問題

(1) 次の文章は，内田百閒著『百鬼園先生言行録』所収の随筆風の小説「百鬼園先生言行録拾遺」の冒頭部である。これを読んで，後の問いに答えてみよう。

百鬼園氏は，胡座（あぐら）をかいた儘（まま），押入れの脇の柱に凭（もた）れて，時々頭のうしろを，こつこつとぶつけながら，川の数の数え方に苦心している。

何本と云（い）うのは変だし，この国に川が幾流，流れているか，そんな事も云（い）わないだろう。

——中略——

十五の大河と云う場合はよろしい。しかし，東洋に大河が，幾つあるかと云う時は物足りない。幾つでは丸で川の感じがない。川は長いものである。矢（や）っ張（ぱ）り，幾本，十五本，東洋には大河が十五本ある。何だか，ぶら下がっているよう様でおかしい。

——下略——

問1 この随筆は昭和九（1934）年の七月，八月に書かれている。内田は明治二十二（1889）年に生まれているから，執筆時は四十五歳であった。日本語歴四十年を超え，かつ，文筆でもって生活をする人間であった彼に擬される人物が，「川の数の数え方に苦心している」ことは，どのようなことを意味しているのだろうか？

問2 「幾流」（いくりゅう）（正確には「幾旒」（いくりゅう））は，「旗」の数を数える際に使用する。「川」

については言わない。「百鬼園氏」の推測の通りである。では，「川」を数える際には，どのように表現すればよいか，調べてみよう。
　　＊「二河白道(にがびゃくどう)」という言葉を辞書で調べる。
問3　大河の数が九以下であれば，「－つ」型で表現することも可能であるが，十五では，「－つ」型の数量表現は採用できない。
　　仮に九つの大河であり，「大河の数は九つです。」と発言したら，どのような感じがするだろうか，話し合ってみよう。
問4　日本語は単数，複数を文法上区別しないという言語事実と助数詞が多数存在するという言語事実の間には，どのような関係があるのか，考えてみよう。

(2) 2004年，アテネオリンピックの年には台風が多数日本列島に上陸した。大きな被害を与えた台風の数について，NHKのテレビのアナウンサーは，「七個の台風」と表現している。台風の数を「－個」型の数量表現で言い表すことは適当か否か，理由・根拠を示して，話し合ってみよう。

(3) 各セットを観察し，それぞれどのようなことが言えるか，考えてみよう。
　① a　魚(うお)，一匹(いっぴき)
　　 b　魚(さかな)，一尾(いちび)
　　 c　塩鮭(しおざけ)，一切(ひとき)れ
　　 d　鰻(うなぎ)，一本(いっぽん)
　　 e　鯨(くじら)，一頭(いっとう)
　　 f　刺身(さしみ)，一舟(ひとふね)

　② a　一人(ひとり)の男(おとこ)の子(こ)
　　 b　一個(いっこ)の男子(だんし)
　　 c　一子相伝(いっしそうでん)の奥義(おうぎ)
　　 d　一介(いっかい)の市民(しみん)
　　 e　一人(いちじん)＝天子の尊称。または，謙称。
　　 f　一人(いちにん)＝右大臣の異称。

　③ a　煙草，一株(ひとかぶ)
　　 b　煙草，一束(ひとたば)
　　 c　煙草，20匁(もんめ)
　　 d　煙草，100グラム
　　 e　煙草，一箱(ひとはこ)
　　 f　煙草，一本(いっぽん)

　④ a　飛行機，一機
　　 b　ロケット，一台
　　 c　砲弾，一発
　　 d　ミサイル，一基
　　 e　UFO（未確認飛行物体），一個
　　 f　人工衛星，一個

(4) 「本」という助数詞を用いて数量表現ができるものには〇，できないものに×を付け，その差は何に由来するか，考えてみよう。

A	B	C	D	E
a 綱	a 映画	a 木	a ホームラン	a 小説

b	縄	b	演劇	b	草	b	ヒット	b	論文
c	紐	c	歌舞伎	c	花	c	ゴロ	c	作文
d	糸	d	能	d	葉	d	三振	d	手紙
e	毛糸	e	狂言	e	枝	e	ストライク	e	ハガキ
f	帯	f	舞	f	幹	f	投球	f	メール
g	ホース	g	落語	g	梢	g	ゲーム	g	電話
h	輪ゴム	h	漫才	h	根	h	マラソン	h	新聞記事

■ 参考文献

1) 山田孝雄『日本文法論』(宝文館出版, 1908)
2) 宮地敦子「数詞の諸問題」(『品詞別　日本文法講座2　名詞・代名詞』明治書院, 1972)
3) 田中重太郎編著『校本枕草子』(上巻・下巻・総索引Ⅰ, Ⅱ, 古典文庫, 1969〜1974)
4) 松尾　聡・永井和子校注・訳『枕草子』(『新編日本古典文学全集18』小学館, 1997)
5) 吉澤義則『対校源氏物語新釈』(平凡社, 1952〜1962)
6) 西下経一・滝沢貞夫編『古今集総索引』(明治書院, 1958)
7) 佐伯梅友校注『古今和歌集』(『日本古典文学大系8』岩波書店, 1958)
8) 時枝誠記編『徒然草総索引』(至文堂, 1955)
9) 土井忠生訳『ロドリゲス日本大文典』(三省堂出版, 1955)
10) 奥津敬一郎「数詞」(国語学会編『国語学大辞典』東京堂出版, 1980)
11) 西尾寅弥「数詞」(佐藤喜代治編『国語学研究事典』明治書院, 1977)
12) 橋本萬太郎「数詞」(『日本大百科全書12』, 小学館, 1986)
13) 酒井恵美子「数詞・助数詞」(小池清治他編『日本語学キーワード事典』朝倉書店, 1997)
14) 小松睦子, ことば探偵団『知ってるようで知らない　ものの数え方』(幻冬社, 2004)
15) 飯田朝子著・町田　健監修『数え方の事典』(小学館, 2004)
16) 内田百閒『百鬼園先生言行録』(『内田百閒集成7』, ちくま文庫, 2003)

第13章　村上春樹の語彙はまずしいか？

【相の語彙・比喩表現・予告副詞】

キーワード：直喩・明喩（simile），隠喩・暗喩（metaphor），喚喩（metonymy），提喩（synecdoche），擬人法（personification），擬物法，喩えられるもの，喩えるもの，前置比喩指標，後置比喩指標，類似点，直喩予告副詞

1. 村上春樹『ノルウェイの森』の直喩表現——驚くべき貧弱さ加減——

　1986年12月21日に，村上はこの小説をギリシャ，ミノコス島のヴィラ（別荘）で書き始め，1987年3月27日に，ローマ郊外のアパートメント・ホテルで完成させている。国外に構えたヴィラや外国で賃借したアパートメント・ホテルの机の上には辞書や草稿メモなどはあったろうが，表現に資する豊富な文献はおそらく用意されていなかったと思われる。いわば，この小説は，村上の自前の語彙だけによって紡がれたと考えてよいだろう。

　この作品には直喩表現が多い。

- ・まるで別の世界の入口から聞こえてくるような小さくかすんだ鳴き声だった。（第一章）
- ・（まるで強風の吹く丘の上でしゃべっているみたいだった）（第一章）
- ・まるで澄んだ泉の底をちらりとよぎる小さな魚の影を探し求めるみたいに。（第一章）
- ・まるで映画の中の象徴的なシーンみたいにくりかえしくりかえし僕の頭の中に浮かんでくる。（第一章）
- ・僕と直子はまるで探しものでもしているみたいに，地面を見ながらゆっくりとその松林の中の道を歩いた。（第一章）
- ・まるでどこか狭くて細長い場所にそっと身を隠しているうちに体が勝手に細くなってしまったんだという風だった。（第二章）

2.「まるで」の広がり

- まるで細密画みたいに克明だった。　　　　　　　　　（第三章）
- 彼女の目はまるで不透明な薄膜をかぶせられているように　（第三章）
  かすんでいた。
- まるで吐くような格好で泣いた。　　　　　　　　　　（第三章）
- まるでそこで突然時間が止まって動かなくなってしまった　（第三章）
  ように見えた。
- 日が暮れると寮はしんとして，まるで廃墟みたいなかんじ　（第三章）
  になった。
- その光はまるで燃えさかる火の粉のように水面に照り映え　（第三章）
  ていた。
- 螢はまるで息絶えてしまったみたいに，そのままぴくりと　（第三章）
  も動かなかった。
- それはまるで失われた時間をとり戻そうとするかのよう　（第三章）
  に……
- そのささやかな淡い光は，まるで行き場を失った魂のよう　（第三章）
  に，いつまでもいつまでもさまよいつづけていた。

冒頭の三章，約80頁程にでてくる直喩表現である。すべて，「まるで……」であり，単調なこと夥しい。もっとも一例だけ「ちょうど僕がかつての僕自身が立っていた場所から確実に遠ざかりつつあるように。」（第二章）のように「ちょうど」が使用されているが，それはここだけで，あとは最終章まで，「まるで……」である。

- まるで世界中の細かい雨が世界中の芝生に降っている　　（第十一章）
  ようなそんな沈黙がつづいた。

上下二巻，525頁に及ぶ大作の直喩表現を村上は一本調子に「まるで……」で押し通している。旅先ゆえの簡略化なのであろうか？　それにしても，この語彙の貧弱さ加減には驚かされるばかりである。

2.「まるで」の広がり

村上は「まるで」を直喩を予告する予告副詞としてのみ使用しているが，

「まるで」の用法にはもう少し幅広い用法がある。

  A 情態副詞（動詞・名詞の様態を表す。完全に。まったく）
- その晴れがましさの性質が丸で変って来る。　　　　　　鷗外・雁・陸
- 第一毛を以て装飾されべきはずの顔がつるつるしてまるで薬缶だ。
　　　　　　　　　　　　　　　　　　　　　　　　　漱石・猫・一
- 御めえのうちの主人を見ねえ，まるで骨と皮ばかりだぜ。漱石・猫・一
- 友人の迷惑はまるで忘れて，一人嬉しがったというが……
　　　　　　　　　　　　　　　　　　　　　　　　　漱石・猫・二
- まるで人間の取扱を受けて居る。　　　　　　　　　　漱石・猫・二
- まるで犬に芸を仕込む気で居るから残酷だ。　　　　　漱石・猫・三
- 妻が何か聞くとまるで剣もほろろの挨拶だそうで……　漱石・猫・四
- まるで書体を換えてと注文されるよりも苦しいかも分らん
　　　　　　　　　　　　　　　　　　　　　　　　　漱石・猫・五
- まるでハーキュリーの牛ですよ。　　　　　　　　　　漱石・猫・六
- まるで一人天下ですから。　　　　　　　　　　　　　漱石・猫・八
- あすになれば何をどこまで考えたかまるで忘れてしまうに違いない。
　　　　　　　　　　　　　　　　　　　　　　　　　漱石・猫・九
- まるで蒟蒻閻魔ね。　　　　　　　　　　　　　　　　漱石・猫・十
- まるで叔父さんよ。　　　　　　　　　　　　　　　　漱石・猫・十
- 主人を困らしたりした事はまるで忘れて居る。　　　　漱石・猫・十
- まるで常識をかいているじゃないか。　　　　　　　　漱石・猫・十
- まるで矛盾の変怪だが……　　　　　　　　　　　　漱石・猫・十一

  B 程度副詞（「違う・異なる」の動詞，形容詞・形容動詞の程度を表す。まるっきり）
- 兎に角いつもと丸で違った美しさであった。　　　　鷗外・雁・弐拾弐
- この式を略してしまうと折角の力学的研究がまるで　　漱石・猫・三
　駄目になるのですが……
- 無理がないどころか君の何とか峠とまるで同じじゃないか。
　　　　　　　　　　　　　　　　　　　　　　　　　漱石・猫・六

2.「まるで」の広がり

- どうも昔の夫婦なんてものはまるで<u>無意味</u>なもの　　漱石・猫・六
だったに違いない。
- これは甲割と称えて鉄扇とはまるで<u>別物</u>で……　　漱石・猫・九
- <u>まるで</u>叔母さんと択ぶ所なしだ。　　漱石・猫・十
- 今の人は己れを忘れるなと教えるからまるで<u>違う</u>。　　漱石・猫・十一
- 代表者以外の人間には人格はまるで<u>なかった</u>。　　漱石・猫・十一
- 迷亭先生今度はまる<u>で</u>関係の<u>ない</u>方面へぴしゃりと一石を下した。

　　　　　　　　　　　　　　　　　　漱石・猫・十一
- 超人的な性格を写しても感じがまるで<u>違う</u>からね。　　漱石・猫・十一

C　打消し予告副詞（打消しの助動詞「ない・ず・ぬ」を予告する。）
- 末造も<u>丸</u>で知ら<u>ぬ</u>顔をしていることは出来<u>ない</u>。　　鷗外・雁・捌
- この何物かを<u>丸</u>で見遁してはおか<u>ぬ</u>のである。　　鷗外・雁・拾
- <u>まるで</u>反抗せずにはいられそうになくなった。　　鷗外・雁・拾参
- <u>まるで</u>いく地の<u>ない</u>方ね。　　鷗外・雁・拾肆
- <u>まるで</u>手を触れ<u>ぬ</u>事さえある。　　漱石・猫・五
- <u>まるで</u>論理に合わ<u>ん</u>。　　漱石・猫・五
- 彼等が生い重なると枝が<u>まるで</u>見え<u>ない</u>位茂って居る。　　漱石・猫・七
- 今来て見ると<u>まるで</u>方角も分ら<u>ん</u>位で……　　漱石・猫・九
- これも<u>まるで</u>益に立た<u>ない</u>んですって。　　漱石・猫・十
- 寒月さんは<u>まるで</u>御存じ<u>ない</u>んでしょう。　　漱石・猫・十

D　直喩予告副詞（比況の助動詞「ようだ」を予告する。）
- 十日ばかり見ずにいるうちに，<u>丸</u>で生れ替って来た<u>よう</u>である。

　　　　　　　　　　　　　　　　　　鷗外・雁・拾壱
- あの方はわたくしを<u>丸</u>で赤ん坊の<u>よう</u>に思っていますの。

　　　　　　　　　　　　　　　　　　鷗外・雁・拾壱
- なに<u>丸</u>で狸が物を言う<u>よう</u>で，分かりぁしない。　　鷗外・雁・拾弐
- ほんとよ，<u>まるで</u>自分の小供の<u>様</u>よ。　　漱石・猫・二
- そんなにジャムを嘗めるんですか<u>まるで</u>小供の<u>様</u>ですね。

　　　　　　　　　　　　　　　　　　漱石・猫・三

・これではまるで喧嘩をしに来た様なものであるが……　　漱石・猫・三
・まるで彼等の財産でも捲き上げるた様な気分ですから……
　　　　　　　　　　　　　　　　　　　　　　　　　　　漱石・猫・四
・まるで試験を受けに来た様なものだ。　　　　　　　　　漱石・猫・四
・まるで贋造の芭蕉の様だ。　　　　　　　　　　　　　　漱石・猫・六
・まるで噺し家の話を聞く様で御座んすね。　　　　　　　漱石・猫・六
・まるで講釈見た様です事。　　　　　　　　　　　　　　漱石・猫・六
・まるで化物に邂逅した様だ。　　　　　　　　　　　　　漱石・猫・七
・交際の少ない主人の家にしてはまるで嘘の様である。　　漱石・猫・八
・まるで水気になやんで居る六角時計の様なものだ。　　　漱石・猫・九
・まるではなす噺し家の洒落の様ね。　　　　　　　　　　漱石・猫・十
・まるで従卒の様だね。　　　　　　　　　　　　　　　　漱石・猫・十一

　村上は四種類の「まるで」のうち，Ｄの直喩予告副詞の用法だけを使用している。単調になるという欠陥を承知の上，わかりやすさを優先したのであろうか。

3. 直喩の型

　喩えられるものを喩えるものに見立てて，ある種の効果を期待する表現，これが比喩表現である。直喩は比喩表現の一種で，次のように分類される。

　　直喩・明喩（simile）：類似性による見立ての表現。喩えるものと喩えられるものとの関係が直接的であるために直喩，明確であるために明喩という。直喩表現を構成する要素は<u>喩えられるもの・喩えるもの・比喩指標</u>及び，<u>類似点</u>である。比喩表現の文型を示すと次のようになる。

喩えられるもの	前置比喩指標	喩えるもの	後置比喩指標	類似点		
a 君は	まるで	薔薇の	ように	美しい（棘がある）。	=	直喩
b 君は	まるで	薔薇の	よう	だ。	=	直喩

3. 直喩の型

　　c 君は　　まるで　　　薔薇　　　　　　　　　だ。＝ 直喩
　　d 君は　　　　　　　薔薇の　　よう　　　　　だ。＝ 直喩
　　e 君は　　　　　　　薔薇　　　　　　　　　　だ。＝ 隠喩

　aは典型的な直喩表現である。比喩表現のすべての構成要素が明示されたもので極めて明晰な文であり，誤解の余地がない。

　村上の直喩表現は基本的にこの型に属する。彼の表現が明快である所以であろう。

　bは比喩表現であることは明示されているが，類似点に関する情報が欠如している。類似点は受容者の判断に委ねらる。類似点が「棘がある」ということであるかも知れないという曖昧性が生ずるが，明示していない以上，この曖昧性を排除することはできない。bの表現者は表情や行為等により，この曖昧性を補足する必要があり，受容者には曖昧性を払いのける喜びを，時には怒りを感じ取る自由を与える。比喩表現において，表現者がもっとも伝えたいことは，類似点なのであるが，これをわざわざ欠落させることに表現者の遠慮があり，その遠慮を感じさせることが，bの表現の真のねらいである。

　c，dは類似点のほかに，比喩指標の一部を欠落させたものであるが，直喩であることは明瞭である。不思議なことに，cの表現では，類似点が「棘がある」となり，dでは「美しい」になるという傾向がある。ただし，これは，傾向であり，常にそのような意味を含意するということにはならない。類似点に関する情報は伏せられているので，あくまでも曖昧であり，表現価はbと等しい。

　eは，類似点と比喩指標を欠くので，比喩表現であるか否かそのものが曖昧になる。比喩表現であることが隠されているので，次に述べる隠喩の表現となる。ただし，「君」と人称代名詞で呼称されている以上，対象は人間であり，薔薇という植物ではありえない。このような共存制限破りの表現により，eが比喩表現であることは明らかとなる。

　これらの表現において，「あたかも・さながら・まるで」は前置比喩指標で，直喩表現を予告する副詞，「よう・みたい」は「見立て」であることを表す，後置比喩指標となる助動詞である。直喩予告副詞には，「あたかも・さなが

ら・まるで」以外に，「まるっきり・ちょうど」「宛として・宛然として」などがある。後置比喩指標には，前述のもの以外に，「ごとし・ごとく・似ている・同然・程・くらい」などがある。なお，「を思わせる・とみまごう・ゆずりの・顔負けの・に負けない・風(ふう)の・状(じょう)の・もどきの・的な・くさい・めく」なども比喩指標となる。

　直喩表現は，表現の本筋となる喩えられるものと脇筋となる喩えるものとの，二つの世界が共存する表現である。優れた作品においては，両者が関係しあって効果を発揮するように工夫されている。そのことを芥川龍之介『羅生門』において検証する。

・檜皮色(ひわだいろ)の着物を着た，背の低い，やせた，白髪頭の，猿のような老婆である。
・すると，老婆は，松の木切れを，床板の間に挿して，それから，今まで眺めていた死骸の首に両手をかけると，ちょうど，猿の親が猿の子のしらみを取るように，その長い髪の毛を一本ずつ抜き始めた。
・老婆は，一目下人を見ると，まるで，弩(いしゆみ)にでもはじかれたように，飛び上がった。
・ちょうど，鶏の脚のような，骨と皮ばかりの腕である。
・（老婆は）まぶたの赤くなった，肉食鳥のような，鋭い目で見たのである。

　喩えられるものは，老婆の姿態，動作などであり，喩えるものは，「猿・鶏・肉食鳥」などの小動物，他に「鴉・屍(ひき)」などがあり，気味の悪いイメージが連続している。喩えるものは，『羅生門』の世界の禍々(まがまが)しさを強調する効果を発揮している。

　中村明は『比喩表現の理論と分類』で，川端康成の作品群に使用されている比喩イメージの一群に，「ガマ・カタツムリ・カイコ・ヒル・ナメクジ・ウジ・チョウ・ガ・アブ・クモ」などの「小動物のイメージ」があることを指摘し，川端康成の現実認識の特徴や美意識を析出している。

　直喩表現を単独で鑑賞することも可能であるが，より効果的な鑑賞は，群れとして鑑賞することである。しかし，村上の『ノルウェイの森』における直喩

には，比喩イメージの点で一貫するところはない。

　「まるで」の広がりを直喩予告副詞に限定し，直喩表現の広がりを完全型aに限定する村上の表現法は禁欲的とも評することができる。曖昧さを避け，なによりも明快さを求めた結果と考えるべきものなのであろう。

■ 発展問題

(1) 次のA〜Dの各グループは比喩表現の一種である。それぞれどのような比喩表現か？

A ①私はむしろ私の経験を私の命とともに葬ったほうがいいと思います。
　②あなたが無遠慮に私の腹の中から，ある生きたものをつらまえようという決心を見せたからです。私の心臓を断ち割って，温かく流れる血潮をすすろうとしたからです。…私は今自分で自分の心臓を破って，その血をあなたの顔に浴びせ掛けようとしているのです。私の鼓動が止まった時，あなたの胸に新しい命が宿ることができるのなら満足です。
　③もう取り返しがつかないという黒い光が，私の未来を貫いて，一瞬間に私の前に横たわる全生涯をものすごく照らしました。そうして私はがたがた震えだしたのです。
　　　　　　　　　　　　　　　　　　　　　　　　（以上，漱石・心）

B ①羅生門が，朱雀大路にある以上は，この男のほかにも，雨やみをする市女笠や揉烏帽子が，もう二，三人はありそうなものである。
　　　　　　　　　　　　　　　　　　　　　（芥川龍之介『羅生門』）
　②春雨や物語り行く簑と笠
　　　　　　　　　　　　　　　　　　　　　　　　　　　　（芭蕉）
　③「漱石を読む」
　④「モーツアルトを楽しむ」
　⑤「白バイにつかまった。」

C ①「花見」の「花」
　②「人はパンのみで生きるものにあらず」の「パン」
　③「お茶にしませんか？」の「お茶」
　④はしけはひどく揺れた。踊子はやはり唇をきつと閉ぢたまま一方を見つめてゐた。私が縄梯子に捉まらうとして振り返つた時，さよならを言はうとしたが，それも止して，もう一ぺんただうなづいて見せた。はしけが帰つて行つ

た。栄吉はさつき私がやつたばかりの鳥打帽をしきりに振つてゐた。ずつと遠ざかつてから踊子が<u>白い</u>ものを振り始めた。　（川端康成『伊豆の踊子』）

D①道がつづら降りになつて，いよいよ天城峠に近づいたと思ふ頃，<u>雨脚</u>が杉の密林を白く<u>染め</u>ながら，すさまじい早さで麓から<u>私</u>を<u>追つて</u>来た。
　②ととんとんとん，激しい雨の音の遠くに<u>太鼓の響き</u>が微かに<u>生れた</u>。
　③私は眼を閉ぢて耳を澄まし乍ら，<u>太鼓</u>がどこをどう歩いてここへ来るかを知らうとした。
　　　　　　　　　　　　　　　　（以上，川端康成『伊豆の踊子』）

(2) 宮澤賢治の童話の中の次の「まるで」を分析してみよう。

　①まるですばやく，よろひやかぶとを脱ぎ……（三人兄弟の医者と北守将軍）
　②まるでせかせかとのぼりました。　　　　　　　　　（ひかりの素足）
　③まるでびつくりして棒立ちになり……　　　　　　　（風の又三郎）

(3) 現代語としての「まるで」の用法と鷗外・漱石の用法とを比較してみよう。

(4) 好きな小説を一つ選び，その比喩表現を分析し，主題との関連を考えてみよう。

■ 参考文献

1) 村上春樹『ノルウェイの森　上・下』（講談社，1987）
2) 近代作家用語研究会編『森鷗外　三』（教育社，1985）
3) 近代作家用語研究会編『夏目漱石　10・11』（教育社，1986）
4) 中村　明『比喩表現の理論と分類』（国立国語研究所報告57，秀英出版，1977）
5) 中村　明編『講座日本語の表現8　日本語のレトリック』（筑摩書房，1983）
6) 中村　明『日本語レトリックの体系』（岩波書店，1991）
7) 中村　明編『比喩表現辞典』（角川書店，1995）
8) 丸谷才一『文章読本』（中央公論社，1977）
9) 佐藤信夫『レトリック感覚』（講談社，1978）
10) 佐藤信夫『レトリック認識』（講談社，1981）
11) 井上ひさし『自家製文章読本』（新潮社，1984）
12) 利沢行夫『戦略としての隠喩』（中教出版，1985）
13) 『國文學　特集日本語のレトリック』（学燈社，1986）
14) 尼ケ崎彬『日本のレトリック』（筑摩書房，1988）

15) 尼ケ崎彬『ことばと身体』(勁草書房, 1990)
16) 森田良行「比喩」(森田良行他編『ケーススタディ日本語の語彙』桜楓社, 1988)
17) 山梨正明『比喩と理解』(認知科学選書17, 東大出版会, 1988)
18) 半澤幹一「比喩表現」(寺村秀夫他編『ケーススタディ　日本語の文章・談話』おうふう, 1990)
19) 香西秀信「日本語の修辞法—レトリック—」(『ことばの知識百科』三省堂, 1995)
20) 渡辺直己『本気で作家になりたければ漱石に学べ！』(太田出版, 1996)
21) 小池清治「比喩表現」(小池清治・小林賢次・細川英雄・山口佳也編『日本語表現・文型事典』朝倉書店, 2002)

第14章 「夜の九時過ぎには足がなくなる」？

【慣用表現・慣用句】

キーワード：連語・連語名詞・連語動詞・連語形容詞・連語形容動詞・連語副詞・連語連体詞・連語助動詞・連語助詞・複合語・派生語・被覆形・複合動詞・複合助動詞・複合助詞、慣用句・動詞慣用句・形容詞慣用句、直喩的慣用句・隠喩的慣用句・反復慣用句、同語反復型慣用表現、成句・故事成句・格言（金言・箴言（しんげん）・処世訓）・ことわざ

1. 留学生は幽霊を見た！

10年ほど前には，私が勤める大学には国際交流会館という便利な施設は存在しなかった。そこで，留学生たちは，大学近辺のアパートを借りるか，下宿するかしていた。台湾から来た女子の留学生が私に尋ねた。

「先生，夜の九時過ぎには，宇都宮では，足がなくなるって，ほんとうですか？　下宿のおばさんが言っていました。」

「うん，ほんとうだよ。県都といっても，地方都市だからね。」

「えっ？　やっぱりほんとですか？　信じられない。怖いですね。」

「えっ？　なに言ってるの？」

どうやら彼女の頭の中には，「足のない」幽霊のような存在がふわふわ動きまわる，不気味なシーンが思い浮かべられていたようである。彼女は「足がなくなる」という表現が慣用句であることを，まだ，学習していなかったようだ。

「車を拾って来て。」と言われた中国からの男子留学生は，「先生，落ちていませんでした。日本は不景気だと聞いて来たんですが，車がびゅんびゅん走ってますね。」と報告して，私を驚かせてくれた。

留学生との日常は，ほとんど発見の連続で，言葉屋の私には有益な日々である。

2. 慣用表現及びその種類

慣用表現を定義すると次のようになる。

広義には，固定的によく用いられる語連続の表現をいい，連語・慣用句・成句などに分類される。狭義には，よく用いられるが，正規の文法や語彙規則等では説明しにくい表現をいう。

語順が固定的で，ひとつの結合体または結合関係を構成する表現について，意味が各語の総和と等しいか否か，結合体の大小，結合度の強弱の三点から，連語，慣用句，成句と分類される。

a 連　語＝二つ以上の語や辞からなる固定的まとまりで，語相当の働きをする単位。結合度が強く，接合部に他の要素を挿入することができない。
　　　　　意味＝各語の意味の総和と等しい。
　　　　　結合体＝語として機能する。
　　　　　結合度＝強い。

b 慣用句＝二つ以上の語や辞からなるまとまりで，述部要素があり，句や節・文の働きをする単位。結合度が弱く，接合部に他の要素を挿入することができる。
　　　　　意味＝各語の意味の総和とは異なる。
　　　　　結合体＝語として機能しない。句・節・文として機能する。
　　　　　結合度＝弱い。

c 成　句＝二つ以上の語や辞からなる固定的まとまりで，文の働きをする単位。完成度が高く，接合部に他の要素を介入させると，パロディーとなる。
　　　　　意味＝各語の意味の総和と等しい。
　　　　　結合体＝句（運用の素材としての文）として機能する。
　　　　　結合度＝強い。

3. 連語の定義とその種類

連語とは，品詞を異にし，単独でも使用される二つ以上の語や辞が結合し，

各語の意味の総和が連語の意味となり，語や辞として機能するもの。連語としての品詞は，各語の品詞からは独立していて，固有のものになるが，多くは後置される語の品詞となる。

連語名詞：若い衆(しゅ)・若い燕(つばめ)・若い者・我が家(や)
連語動詞：気が付く・気に入る・気にする・気になる
連語形容詞：味けない・息苦しい・仕方ない・途方(とほう)もない・見苦(みぐる)しい・見易(みやす)い・見好(みよ)い
連語形容動詞：頭打ち・頭ごなし・気の毒・目の毒・わがまま・わがもの顔
連語副詞：頭から・口が裂けても・雲を霞(かすみ)と・どれか・根掘り葉掘り
連語連体詞：雲衝くばかりの・手に余る・天を摩する・耳よりの・目に余る
連語接続詞：しかしながら・だから・だからといって・しかのみならず
連語助動詞：である・でない
連語助詞：ないで・を措(お)いて・をして・をもちて・もって

因みに，連語感動詞はない。感動詞は，総合語彙に属し，各語の独立性が強く，また，より複雑な感動表現は感動詞を重複させればよく，連語感動詞を作る必要性がないからである。

4. 連語と慣用句

動詞の場合，多くは動詞同士の複合による複合動詞や慣用句となり，連語動詞と認定されるものはめったにない。例示した「気が付く・気に入る・気にする・気になる」なども，一般には慣用句とされる。本書が，これらを連語動詞としたのは，次の理由による。

「気が付く」を例にすると，「気が付く」は常にまとまって機能し，接合部である「気が」と「付く」の間に，他の要素を挿入することができない。

彼は細かなことによく気が付く。
　　　　　　　　　　　　→　＊彼は細かなことに気がよく付く。

それはちょっと気が付かないことだ。
　　　　　　　　　　　　→　＊それは気がちょっと付かないことだ。

一方，相似た表現であるが，「気がする」は慣用句である。

彼にはちょっと気の毒なことをしたような気がする。→
彼には気の毒なことをしたような気がちょっとする。
「気が」と「する」との間に，「ちょっと」などの程度副詞を挿入することが可能であり，「気がする」は一語として機能していないことが明白であるからである。

5. 連語と複合語・派生語

二つ以上の形態素が結合して語を形成するものに，連語のほか，複合語や派生語がある。

連語の場合は，構成する語が単独でも使用される語であるのに対して，複合語の場合は，単独では使用されない形態素（被覆形）を構成要素とする。

複合名詞は次の5種類に分類される。

①語幹という被覆形を含むもの：うれし泣き・高跳び・短夜（みじかよ）・若衆（わかしゅ）
②連濁による被覆形を含むもの：鉄砲玉（てっぽうだま）・本箱（ほんばこ）・水瓶（みずがめ）・山桜（やまざくら）
③母音交替による被覆形を含むもの：風車（かざぐるま）・酒屋（さかや）・手綱（たづな）・爪先（つまさき）
④連声による被覆形を含むもの：因縁（いんねん）・観音（かんのん）・天皇（てんのう）・反応（はんのう）
⑤アクセント変化による被覆形を含むもの：朝風（あさかぜ）・赤とんぼ・黒猫・鯉幟（こいのぼり）

「若い衆」の場合，「若い」「衆（しゅう）」はともに，単独で使用される語であり，前者は形容詞，後者は名詞として機能しているので，連語である。これに対して，「若衆」の場合，「若」は語幹で被覆形，「衆（しゅ）」短縮形で複合語固有の形，ともに単独では使用されないので，複合語となる。

派生語の場合は，単独では使用されない接頭辞や接尾辞という被覆形を構成要素とするので，これも連語ではない。

複合動詞は，動詞同士の結合で，同一品詞の結合体である点で，連語と異なる。なお，「べきだ」「べからず」などの助動詞も，助動詞同士の結合体であるので，連語ではなく，複合助動詞となる。また，「かも・ても・をも」など，助詞同士が結合して一語として用いられるものも多いが，これらも，連語ではなく，複合助詞と呼称すべきものである。

6. 慣用句の下位分類Ⅰ—品詞的観点—

　各語の総和では説明しにくい固有の意味を構成するという点で，意味的には一語的であり，かつ，接合部に他の要素を挿入することを許すという点で，文法的には一語的でない，文節以上文以下のまとまりを慣用句という。
　慣用句は，中心となる語の品詞により次のように分類される。

　動詞慣用句：頭が切れる・頭に来る・頭を痛める・目が合う・目が利く・目が届く・幅を利かす・鼻にかける・骨を折る・骨を惜しむ・割りを食う
　形容詞慣用句：頭が痛い・頭が重い・頭が固い・頭が高い・影も形もない・敷居が高い・手が早い・耳が早い
　　　＊他の品詞は，連語または複合語になり，慣用句になるものはない。

　動詞慣用句は常に動詞として用いられるわけではない。
　　彼は頭が切れる（賢い・利口だ）。　＝形容詞，形容動詞相当の働きをする。
　　頭に来て，怒鳴ってしまった。　　　＝動詞の働きをする。
　ただし，一語として機能しているわけではない。次のように，接合部に他の要素を挿入することが可能だからである。
　　彼はすごく頭が切れる。
　　　　　　　　　　　　　→　彼は頭がすごく切れる。
　　かあっと頭に来て，怒鳴ってしまった。
　　　　　　　　　　　　　→　頭にかあっと来て，怒鳴ってしまった。
　形容詞慣用句は状態性動詞や形容詞として機能する。ただし，この場合も一語化しているわけではない。
　　子供の件で頭が痛い（悩んでいる）よ。
　　　　　　　　　　　　　→　子供の件で頭がかなり痛いよ。
　　先生の所は敷居が高い（行きにくい）。
　　　　　　　　　　　　　→　先生の所は敷居がちょっと高くなった。
　なお，「頭が切れる」「頭が痛い」などは，形態としては文になりうる形態であるが，これらをそのまま，これらだけで文として表現すると文字通りの意味

であるのか，慣用句の意であるのか曖昧になってしまう。慣用句が誤解されることなく慣用句として機能するのは，文の部分的素材として使用される場合においてである。

7. 慣用句の分類Ⅱ―レトリック的観点―

慣用句をレトリックの観点から分類すると，直喩的慣用句と隠喩的慣用句・反復慣用句に分類される。

直喩的慣用句：比喩指標が明示される慣用句。比喩指標で下位分類すると次のようになる。
a　比喩指標が「よう」であるもの：赤子の手をひねるよう（に容易だ）・蚊の鳴くよう（な小さい声）・雲をつかむよう（にとらえどころがない）・蜘蛛の子を散らすよう（に四方八方に逃げ散る）・氷のよう（に冷たい手）・砂を噛むよう（に無味乾燥だ）・竹を割ったよう（に真っ直ぐな気性だ）・抜けるよう（に青い空）・蜂の巣をつついたよう（に大騒ぎだ）・火のついたよう（に激しく泣き叫ぶ）・蛇のよう（に執念深い）・水を打ったよう（に静まり返る）・もみじのよう（な可愛い手）・夢のよう（にはかない）・リンゴのよう（に赤い頬）
b　比喩指標が「ごとし」であるもの：雲霞のごとき（大軍）・赤貧洗うがごとし（大変な貧しさ）・蛇蝎のごとく（嫌う）
c　比喩指標が「ばかり・ほど」であるもの：雲衝くばかり（の大男）・雀の涙ほどの（のボーナス）・泣かんばかり（に頼み込む）・猫の手も借りたいほど（の忙さ）・猫の額ほどの（小さな庭）

隠喩的慣用句：比喩ではあるが，比喩指標が明示されない慣用句。
a　「思い」を修飾するもの：一日千秋の思い・血を吐く思い・藁にもすがる思い
b　その他：鬼気迫る（雰囲気）・手を焼く（問題）・骨身にしみる（経験）・水もしたたる（好男子）・水ももらさぬ（警備態勢）・虫も殺さぬ（顔）

反復慣用句：味もそっけもない・あれもこれも・恨みつらみを並べる・うんともすんとも言わない・なりふり構わず・なんでもかんでも・にっちもさっちも行かない・煮ても焼いても食えない・猫も杓子も・寝ても覚めても・のべつ幕無しに・踏んだり蹴ったり・欲も得もない

同語反復型慣用表現：同一語を反復して用い，一定の意味を加える表現。

①「AはA」の型。Aは名詞。いずれにせよ，やはりAであることは動かせないの意。

　　なんで勝っても，勝ちは勝ち。／負けは負けだ。潔く認めよう。

　　東は東，西は西。／君は君，僕は僕，されど仲良き。

②「AことはA」の型。Aが名詞の場合＝最も知っているの意。形容詞の場合＝結果はどうあれ，一応Aであることを認めるの意。動詞の場合＝結果はどうあれ，一応Aするの意。

　　竹のことは竹に聞け，松のことは松に問え。

　　あの映画，面白いことは面白い。

　　大学へは，行くことは行くけれど，どんな学問をやるか未定です。

③「AにはAを，BにはBを」の型。ABともに名詞。最もふさわしいの意。

　　目には目を，歯には歯を。

④「AのなかのA」の型。Aは名詞。賞賛の意を込めて典型と認めるの意。

　　男のなかの男／猛獣のなかの猛獣／花のなかの花

⑤「AはAで」の型。Aは人(ひと)名詞。AはAの能力範囲での意。

　　夫は夫で，打開策を考えているらしい。

⑥「AはAなりに」の型。cに同じ。

　　妻は妻なりに，打開策を考えているらしい。

⑦「AもAなら，BもBだ」の型。A，Bともにひと人名詞。A，Bともに軽蔑や非難に値するの意。

　　夫も夫なら，妻も妻だ。

⑧「AというA」の型。Aは名詞。あらゆるAの意。

　　漬物(つけもの)という漬物(つけもの)は，まったく食べない。

⑨「AまたA」の型。Aが連続的に多数存在するの意。

涙また涙／人また人／山また山

⑩「A1にA2」の型。A1は動詞の連用形，A2は同一動詞の他の活用形。徹底的にAするの意。

悩みに悩んだ末，結局，断念した。

⑪「AてもAても」の型。Aは動詞の促音連用形。いくらAしても効果がないの意。

追っても追っても，着いてくるポチはほんとに可愛いな。

8. 成句の下位分類

常に固定した文の形で用いられる成句は，典拠の有無などにより，故事成句・格言（金言・箴言）・ことわざなどにおおまかに下位分類される。

故事成句：典拠のわかる，有名な漢詩や漢文の句に由来するもの。
1) 人間万事塞翁が馬＝『淮南子』「人間訓」の句。人間の禍福は変転してどちらかに固定したものではない。有頂天になってもいけないし，絶望してもいけない。

格　　言：深い人間観察や経験から得た結果を，処世への戒めや教えとして，簡潔に表現したもの。典拠の明らかなものと不明なものとがある。金言・箴言・処世訓とも。
2) 金言耳に逆らう＝教訓やよい言葉は，とかく人の感情をそこなって，聞き入れられないことが多い。

ことわざ：典拠がはっきりせず，古くから言い習わされた，真理や道理，教訓などを言い表した気の利いた言葉。
3) 急がば回れ。
4) 火のない所に煙は立たぬ。
5) 蒔かぬ種は生えぬ。
6) 葦の髄から天井のぞく。

9. 慣用的言語，日本語

「第12章 清少納言の物言いは幼いか？」において，日本語の数量語彙，助数詞について述べた際に，日本語は規則的言語というより，慣用性の強い言語であるということを述べておいた。このことは，本章においては，まさにズバリそのことを証明することになってしまった。日本語を学習するためには，記憶容量を最大にしなければならない。

■ 発展問題

(1) 平成12年度前期芥川章受賞作，町田康『きれぎれ』（文藝春秋社，2002）の冒頭のにある表現である。これを読み，後の問いに答えてみよう。
　①俺はまったく腹が立った。
　②その都度，俺はアベに腹が立つ。
　③俺の腹はもうどんどん立っていて，それから空車は全然来ず，とうとう極限まで腹が立ったのとなんだかタクシーに馬鹿にされているような屈辱的な気持ちになったので……
　問1 「腹が立つ」は連語が慣用句か？
　問2 「俺の腹はもうどんどん立っていて」の表現を連語の観点から分析してみよう。

(2) ①「腹」を要素とした慣用句である。慣用句としての意味と普通表現としての意味の違いについて考えてみよう。

a 腹が癒える	b 腹が痛い	c 腹が大きい	d 腹が黒い
e 腹が違う	f 腹がない	g 腹が膨れる	h 腹が悪い
i 腹にいれる	j 腹に据え兼ねる	k 腹に持つ	l 腹のうち
m 腹の皮が痛い	n 腹の底	o 腹の足し	p 腹の虫
q 腹を痛める	r 腹を抱える	s 腹を貸す	t 腹を決める
u 腹を切る	v 腹を下す	w 腹を拵える	x 腹を肥やす
y 腹をこわす	z 腹を探る		

②「腹」の類義語「おなか」を要素とした慣用句を集めてみよう。
③「腹／おなか」「額／おでこ」「目／めんたま」等の類義語において，後者を要素とする慣用句が少ないことについて，考えてみよう。

(3) ① 「頭」「額」「耳」「目」「鼻」「口」を要素とした慣用句を集めてみよう。
② 身体部位語彙を要素とした慣用句がなぜ多いのか，考えてみよう。

(4) 英語，中国語，朝鮮語などの慣用句と日本語の慣用句とを比較してみよう。

■ 参考文献

1) 白石大二『日本語のイディオム』（三省堂，1950）
2) 白石大二『日本語の発想－語源・イディオム』（東京堂出版，1961）
3) 白石大二『国語慣用句大辞典』（東京堂出版，1977）
4) 文化庁編『語源・慣用語』（教育出版，1975）
5) 宮地　裕『慣用句の意味と用法』（明治書院，1982）
6) 宮地　裕「慣用句の周辺－連語・ことわざ・複合語」（『日本語学』4巻1号，明治書院，1985）
7) 飛鳥博臣「日本語動詞慣用句の階層性」（『月刊言語』11巻13号，大修館書店，1982）
8) 大坪喜子「名詞慣用句―特に隠語的慣用句について―」（『日本語学』4巻1号，明治書院，1985）
9) 國廣哲彌「慣用句論」（『日本語学』4巻1号，明治書院，1985）
10) 中村　明「慣用句と比喩表現」（『日本語学』4巻1号，明治書院，1985）
11) 西尾寅弥「形容詞慣用句」（『日本語学』4巻1号，明治書院，1985）
12) 村木新次郎「慣用句・機能動詞　結合・自由な語結合」（『日本語学』4巻1号，明治書院，1985）
13) 森田良行「動詞慣用句」（『日本語学』4巻1号，明治書院，1985）
14) キロワ・スベトラ『日本語ブルガリア語の慣用句ことわざ辞典』（シリウス4，2002）
15) 小池清治・小林賢次・細川英雄・山口佳也編『日本語表現・文型事典』付録1「身体部位和語名詞を中心とした慣用句一覧」（朝倉書店，2002）
16) 東郷吉男編『からだことば辞典』（東京堂出版，2003）

第15章 「手タレ」「脚タレ」とは何のことか？

【省略語・短縮語】

キーワード：省略語，略語，完全語形，復元可能，略称，隠語，短縮語，同音衝突

1.「手タレ」「脚タレ」には驚いた！―留学生を困らせる省略語―

ネイル-エナメル（nail enamel）で爪に光沢や色をつけ美しい指先にすることをネイル-ペインティグ（nail painting）という。その効果を歌うためのポスターやパンフレット作成に活躍するタレント（talent）を「手タレント」といい，略して「手タレ」という。「手タレ」は指輪や腕時計の宣伝等でも，なくてはならない存在のようである。

「彼女は手タレです。」という発話を聞いて理解できる日本人は一体何人いるのだろうか？　心密かに「手練の間違いでは？」と疑っていた筆者が正解にいたるには娘たちの解説が必要であった。

驚いたことに，「脚タレ」（「脚タレント」）という職業もあるらしい。スカートの宣伝，ストッキングの宣伝，靴の宣伝で活躍するということである。

子供のタレントのことを「じゃりタレ」という業界用語もあるらしい。昭和の歌姫，大スター「美空ひばり」は子供の頃から歌に映画にと活躍していたから，初代「じゃりタレ」であったということになる。

語彙は，世の中の動きを鋭敏に反映する。「手タレント」「脚タレント」「じゃりタレント」などは一時代前には存在しなかった。筆者のように，世の中の動きに遅れがちな人間には，完全語形で表現されても理解しにくい言葉であるが，これらが省略され，「手タレ」「脚タレ」「じゃりタレ」となると「一体，なんのこと？」ということになる。

日本語では，一般に4音節を超え，5音節以上になると短縮化される。特に，

その語を多用する世界では4音節以上は不便ということで短縮形，省略語が使用される。

　日本語を学ぶ留学生たちを困らせるのは，カタカナ語とこの省略語である。

2. 国際語になった省略語——「Zengakuren」——

　本来あるはずの表現を，短縮して，表現しない語を省略語（略語），または短縮語という。厳密には「本来あるはずの表現」に復元可能（recoverable）である場合に限って省略語といい，本来の語形とは違った語形で短縮されたものを短縮語という。

　本来の語形に復元可能である場合には省略語として機能するが，言語知識の不十分さなどから，省略語と認識しないで使用している話者も少なくない。その場合は，その使用者にとっては省略語ではない。

　「おはよう（ございます。）」
　「こんにちは（ご機嫌いかがでございますか？）」
　「さようなら（ば，別れよう。）」

などの挨拶語などは，文の一部（後部省略）により，一語となった省略語であるが，多くの日本人は省略語とは認識していないで使用している。

　「警（察）官」
　「刑事（警察任務警察官）」
　「まじ（め）」
　「農（業）協（同組合）」
　「全（日本）学（生自治会総）連（合）」

　これらも，多分，省略語と理解して使用している日本人は少数派であろう。「全学連」にいたっては，組織内部の人間すら完全語形に復元することができるかどうか疑問となるほどである。

　「全学連」は「Zengakuren」の語形で国際的に通用している。外国人には復元可能性はゼロであるから，国際語としての「Zengakuren」は省略語ではない。

　因みに，「農協」も「Nokyo」の形で国際語になり，海外ツアーを楽しんでいる。

このように，日本語には省略語，省略表現が多過ぎるくらいにあり，そのため日本人自身，省略語，省略表現と意識していない場合が多い。

3. 省略語は類義語

省略語は本来の語形の類義語ということになる。語形が異なれば必ず意味用法の違いが存在する。前節で例示したものについて言えば，次のようになる。

警察官 ＝ 1954年に定められた警察法の規定により警察庁及び都道府県警察に置かれ，警察の事務を執行することをその職務とする職員。巡査・巡査部長・警部補・警部・警視・警視正・警視長・警視監・警視総監の九階級に分れる。これらの上に警視庁長官がいるが階級名ではない。また，巡査長も階級名ではなく，職名である。
「警官」の正式名称。職業欄に記入する場合，「警官」「お巡り（さん）」とは書かない。

警官　＝「警察官」の通称。「巡査」の「巡」に由来する「お巡り（さん）」よりも，厳めしいが，「警察官」より砕けている。一般人，いわゆる素人が使用する。

刑事警察任務警察官 ＝ 犯罪と刑罰に関する事件を担当する警察官。民事警察任務警察官の対語。

刑事　＝ 刑事警察任務警察官の略称。そのうち，特に私服の捜査員の通称。巡査を「デカ」，巡査部長を「部長刑事」「デカ長」などという。

まじめ ＝ 真剣な態度・顔つき。本気。また，まごころがこもっていること。誠実なこと。

まじ　＝「まじめ」の略。「まじっすか？」などの形で若者が多用する。相槌の一種に「ホント？」「ウソ！」「ウッソー！」などがあったが，これらに代わって使用される。「まじ？」の疑問形と「まじ！」の感動形とがある。

省略語は普通4音節以上の語に由来するが「まじ」は3音節の「まじめ」に由来する点で特殊である。芸能界の隠語として発生したためであろう。

農業協同組合 ＝ 1947年に定められた農業協同組合法に基づき，農民を正

組合員とし，組合員の事業または生活に必要な信用・販売・購買・共同利用・共済・技術指導の諸事業を行う協同組合の正式名称。

農協　=「農業協同組合」の略称。「皆の農協」のように，日常語として使用される。なお，ジエー・エー「JA」は「Japan Agriculture cooperatives」の略により作成されたものであるが，1991年の全国農協大会で決められた正式呼称であり，略称ではない。

全日本学生自治会総連合＝1948年，全国145大学の自治会によって結成され，翌年，プラハに本部を置く国際学生連盟に加盟した。朝鮮戦争反対運動，学園民主化運動，日米安全保障条約改定反対闘争（安保闘争）等の中心的組織となった。安保闘争敗北後は，分裂状態であったが，1968年以後の全国の大学の学園紛争には，全学共闘会議（全共闘）という形態の闘争組織を生み出した。

全学連＝全日本学生自治会総連合の略称。渦巻きデモやゲバ棒で有名。正式名称が全日本学生自治会総連合であることを知らずに，一般人が使用する。

4. 略称の型のはやりすたり

固有名詞の場合は省略語とは言わず，特に略称というが，この場合にも本来の語形と略称との間には運用的意味の相違が存在する。

　　阪東妻三郎＝映画俳優。本名，田村伝吉。東京生れ。11代片岡仁左衛門に師事。剣劇俳優として成功，自ら阪妻プロを創立。「雄呂血」「無法松の一生」「王将」「破れ太鼓」などで主演。1901～1953。

　　阪妻　=「あの，阪東妻三郎」「有名な阪東妻三郎」

古くは「阪妻」のほか，「嵐 寛十郎」の「アラカン」，「榎本健一」の「エノケン」など，中抜き後略型の略称を有する俳優がいたが，今日ではそういう存在は少なくなっている。「キムタク（木村拓哉）」くらいであろうか。「マツケン（松平 健）」もあるが，この場合，「ケン」が完全語形と同一であるので，中抜き型で別型となる。

　　ジャズマンのサキソフォン奏者「ナベサダ（渡辺貞夫）」は前後省略型で隠

語的である。

「明石家さんま」は「サンマ」、「北野武」は「タケシ」、「北島三郎」は「サブヤン」、「萩本欽一」は「キンチャン」などと愛称で呼称され、中抜き後略型の略称ではない。

江戸時代「紀文」という大尽がいた。「紀文」とは「紀伊国屋文左衛門」のことである。有名な料亭「八百善」は亭主「八百屋善四郎」の略称に由来する。中抜き後略型の略称は江戸時代に多用された型で、「バンツマ・アラカン・エノケン」などは、その流れを汲んだものであろう。

5. 省略語の型

省略語には次の五つの型がある。

a　前部省略：（アル）バイト　（プラット）ホーム　（メルセデス）ベンツ　（友）達　（いな）かっぺ　（横）浜っ子　（麻）薬　（警）察　（被）害者　（千秋）楽
b　中部省略：警（察）官　高（等学）校　ポケ（ット）ベル
c　後部省略：テレビ（ジョン）　コンピュータ（ー）　スト（ライキ）　インフレ（ーション）　首都高（速道路）　省エネ（ルギー）　脱サラ（リーマン）　リストラ（クション）
d　前後省略：（航）空母（艦）
e　中後省略：原（子）爆（弾）　入（学）試（験）　家（庭）教（師）　宇（都宮）大（学）
　　　　　　うな（ぎ）どん（ぶり）　もろ（み）きゅう（り）
　　　　　　オ（ー）ケ（ストラ）　リモ（ート）コン（トロール）

　aは、前半の音節が省略されていて、完全語形が隠されやすく、隠語的要素が強い。

　b, cは、省略語として意識しにくく、一般語彙化しやすい。子供にとって「テレビ」は「ラジオ」と同様に完全語形である。

　dは、戦略上意図的に使用されたもので、最初から隠語である。戦車が、気体・液体を収容する密閉容器を意味する「タンク（tank）」と呼称されたのと

同一の心理である。使用者には仲間意識が生まれる。
　eは前節で述べた「中抜き後略」型である。一般語彙では活発に使用されている。

6. 短縮語について―同音衝突の弊害，アメリカも朝日もA―

　語形は省略手法により短縮され省略語的であるが，音形は本来の語とは異なるものとして造語されるので，略語ではない。

　中後省略：名古屋大学→名大（関東では，明治大学の略称明大があり，同音衝突となる。）
　　　　　　金沢大学→金大（関西では，近畿大学の略称近大があり，同音衝突となる。）
　　　　　　宇都宮高等学校→宇高（宇都宮工業高等学校の略称宇工と区別するため。）
　　　　　　ファーレンハイト（人名）→華倫海（中国語音訳）→華氏（日本字音）温度
　　　　　　セルシウス（人名）→摂爾修斯（中国語音訳）→摂氏（日本字音）温度

　華氏摂氏とあるが，華・摂は姓ではない。これらは漢字を媒介とした短縮語の典型である。
　また，頭文字を連続させて一語としたものも，短縮語に属する。

　　ペット・ボトルのペット　　PET = polyethylene terephthalate
　　エイズ　　　　　　　　　　AIDS = acquired immuno deficiency syndorome
　　ユー・エス・エー　　　　　U. S. A. = United States of America

　頭文字を連続させて一語となる短縮語は，基準となる完全語形を一義的に特定しないので，同音異義語を多数生み出し，伝達に支障を来す場合がある。

　　エイズ　　　　　　　AIDS = ① Acquired immunodeficiency syndorome
　　　　　　　　　　　　　　　　　　　　　　　　　　　免疫不全症候群
　　　　　　　　　　　　　　　　② airtcraft integrated data system

			飛行記録集積装置
ビー・エー	BA	= ① British Airways	英国航空
		② banker's acceptance	銀行引受手形
シー・アイ・イー	CIE	= ① Civil Information and Education	
			民間情報教育局
		② Commission Internationale de I' Eclairage	
			国際照明委員会
エー・ビー・シー	ABC	= ① American Broadcasting Co.	
			アメリカ放送会社
		② Asahi Broadcasting Co.	朝日放送
エム・イー	ME	= ① micro electronics	極微細電子回路
		② medical engineering	医用工学

これらは，普通，国語辞書には記載されていないということもあり，留学生にとっては難問中の難問となっている。

■ 発展問題

(1) 次の省略語の完全語形を調べてみよう。
 A 「コン」 合コン シネコン ゼネコン パソコン バリコン ファミコン ボディコン マイコン ラジコン リモコン ロリコン
 B 「プロ」 ゲネプロ サスプロ セミプロ ノンプロ プロレス プロ野球 堀プロ ワープロ
 C 「スト」 エンスト ゼネスト ハンスト パンスト 山猫スト

(2) 次の省略語の完全語形を調べてみよう。
 ① a.m.～p.m. ② AM ③ CM ④ DM ⑤ FM ⑥ GM ⑥ ICBM ⑦ ppm

(3) 次の大学の略称を調べ，それらがどの型の省略語，短縮語か考えてみよう。
 ① 北海道大学　② 東京大学　③ 東北大学
 ④ 山形大学　⑤ 山梨大学　⑥ 山口大学
 ⑦ 福島大学　⑧ 福井大学　⑨ 福岡大学
 ⑩ 大阪大学　⑪ 大阪府立大学　⑫ 大分大学

⑬明治大学　　⑭明治学院大学　　⑮明星大学

(4) 次のそれぞれの語は省略語か，短縮語が判定しなさい。
①外為　②外車　③マスコミ　④NHK　⑤JR　⑥特急　⑦国体

■ 参考文献
1) 林　大「語彙」(『講座現代国語学「ことばの体系』(筑摩書房，1957)
2) 奥津敬一郎「省略」(国語学会編『国語学大辞典』東京堂出版，1980)
3) 川本栄一郎「略語」(佐藤喜代治編『国語学研究事典』明治書院，1977)
4) 西尾寅弥「略語の構造」(『現代語彙の研究』明治書院，1988)
5) 石野博史「略語・略記法」(金田一春彦・林　大・柴田　武編集責任『日本語百科大事典』大修館書店，1988)
6) 亀井　孝・河野六郎・千野栄一編『言語学大辞典6　術語編』(三省堂，1996)
7) 小池清治「省略表現」(小池清治・小林賢次・細川英雄・山口佳也編『日本語表現・文型事典』朝倉書店，2002)

索　引

【事項】

あ 行

-ai 型形容詞　87, 94
挨拶　114
曖昧性　8
アクセント　1
アクセント変化　17, 20, 21
ア系　58
アスペクト　98, 99
アナタ系　55, 64
「あの」系の表現形式　120
アントニム　8
暗喩　146

「いかに」系の表現形式　124
依拠格補足　81
意味　8
意味属性　27, 33, 41, 43, 44, 55
意味特性　27
隠語　166, 170, 146
隠喩的慣用句　156, 161

-ei 型形容詞　87, 93
遠称　58

-oi 型形容詞　87, 95
オクシモロン　8, 13
男女　9
オノマトペ　98
音感　98
音節　1
女男　9

か 行

「ーか」型　128
格言　156, 163
可数名詞　128, 131
関係語彙　1, 5
漢語系数量語彙　130
漢語系数量表現　128, 130
感情形容詞　87, 90
感情的意味　1
感性語彙　1, 5, 98
完全語形　166, 167
喚喩　146
慣用句　156, 157
慣用表現　156

擬音語　98
擬人法　146
起点格補足　81
擬物法　146
金言　156, 163
近称　58
近世語形　87
近接語　8, 12
近代語形　87, 94

ク活率　87, 88

形状形容詞　87, 91
形態素　17, 19
形容詞慣用句　156, 160
形容詞語彙　87, 88
言語形式　1
言語内容　1
現場喚起性　98
現場指示　55, 56, 64

語 1
語彙　5
　相の——　1, 5, 87, 146
　体の——　1, 5, 68
　用の——　1, 5, 80
語彙史　87, 128
語彙的意味区分　68
語彙的意味体系　68
語彙表　68, 75
合成語　17, 19, 128, 130
後置比喩指標　146, 150
後部省略　170
鉱物語彙　79
コ系　58
語構成　17, 19
語構造　8, 17, 22
故事成句　156, 163
コソアド語　55
古代語形　87, 93
言葉読み　17
ことわざ　156, 163
コナタ系　55, 64
語分節　17, 23
固有名彙　27
固有名彙変転のレトリック
　　27, 39
固有名詞　27
　　——の体系　27

さ 行

残存率　87
三人称人称代名彙　50
　　——の誕生　41

恣意性　27, 34
指示彙　55

索　引

――の体系　55
指示機能　1, 27, 28
指示詞　55
指示的意味　1, 2
自然語彙　68
シノニム　8
修飾　17
修飾型複合　80
修飾構造　22
主格補足　81
主述　17
主述構造　22
使用比率　75
省略語　166
植物語彙　79
助数詞　130
処世訓　156, 163
所属関係　27, 29
自立形態素　17, 19
箴言　156, 163
心象スケッチ　68, 100
身体感覚性　98
神代文字　130
真の不定称　55, 56
人物呼称　47
人物呼称不転換のレトリック　41, 43
人名表記　27, 34

数量語彙　128
数量接頭辞　128, 130
数量接尾辞　128, 130
数量名詞　128, 130

成句　156, 157
精神的階梯　79
接続型複合　80
接頭辞　17, 20
接尾辞　17, 20
前後省略　170
前置比喩指標　146, 150
前部省略　170

総合語彙　1, 5, 114
相の語彙　1, 5, 87, 146
ソ系　58
ソナタ系　55, 64

た　行

対格補足　81
対義結合　8, 13
対義語　8
対極語　8, 9
待遇　114, 115
体の語彙　1, 5, 68
対比語　8, 11, 12
濁音化　17, 20
畳語　17, 19
喩えられるもの　146, 150
喩えるもの　146, 150
多様性　34
「－たり」型　128
単語　1, 2
単語論　1
短縮語　166, 171
単純語　17, 19

中後省略　170, 171
中称　58
中部省略　170
聴覚イメージ　28
直喩　146, 150
直喩的慣用句　156, 161
――の型　150
直喩予告副詞　146, 149

「－つ」型　128
対句　8
対語　8, 11

提喩　146
転成　114, 120

同音衝突　87, 94, 166, 171
道具格補足　81
同語反復型慣用表現　156, 162

動詞慣用句　156, 160
動詞語彙　87
撞着語法　8, 13
動物語彙　79
時枝（誠記）文法　43
時枝文法　41
匿名性　46

な　行

「なう」系の表現形式　121
名付け　29
難訓姓　38
難訓名　38

人称代名彙　41, 43, 46
――の体系性と文法性　41
――の匿名性　41, 44
人称代名彙用法　55
人称代名詞　41

は　行

橋本（進吉）文法　27, 43
橋本文法　27
派生Ⅰ型複合　80
派生語　17, 19, 156, 159
派生Ⅱ型複合　80
反意性　8, 9
半陰陽　9
反対語　8, 9
半濁音化　17, 20
反復慣用句　156, 162

被覆形　156, 159
比喩指標　150
比喩表現　146
表現形式　114, 116
標識機能　1, 27, 28

復元可能　166, 167
複合語　17, 19, 156, 159
複合助詞　156, 159
複合助動詞　156, 159
複合動詞　80, 156, 159

——の五分類　81
複合名詞　159
付属形態素　17, 19, 128, 130
ふたなり　9
不読文字　17, 18
文化的行動パターン　114
文体的意味　1, 3
文法的意味　1, 3
文法的カテゴリー　55
文脈指示　55, 56

並立　17
並立構造　22

母音変化　17, 21
補助　17
補助構造　22
補足　17
補足型複合　80
補足構造　22

ま行

見掛けの不定称　55, 56

ムード　98, 99

名詞語彙　87
命名　27, 32
明喩　146, 150

「申」系の表現形式　117
「物申」「案内申」系の表現形式　116
文字読み　17

や行

「やあ」系の表現形式　122
「やい」系の表現形式　122

用の語彙　1, 5, 80
予告副詞　146
呼びかけ語彙　114
呼びかけの場面　114, 115

ら行

「－り」型　128
略語　166
略称　166, 168, 169
両極語　8, 9

類概念　28
類義語　8
類似語　8, 12
類似点　146, 150
類標識　130
類標識助数詞　128

レトリック　39
連語　156, 157
連語形容詞　156, 158
連語形容動詞　156, 158
連語助詞　156, 158
連語助動詞　156, 158
連語接続詞　158
連語的観点　68, 76
連語動詞　156, 158
連語副詞　156, 158
連語名詞　156, 158
連語連体詞　156, 158
連声　17, 20

わ行

和語系数量語彙　130
和語系数量表現　128, 130

「ゑい」系の表現形式　123

欧文

antonymy　9
auxiliary numeral　128
classifier　128
countable-noun　128, 131
lexicon-item　1, 2
metaphor　146
metonymy　146
opposite　9
personification　146
recoverable　167
simile　146
synecdoche　146
word　1, 2

【人名】

あ行

赤羽根義章　6, 54
芥川龍之介　152
浅野鶴子　113
飛鳥博臣　165
尼ケ崎彬　154, 155
天沼　寧　113

飯田朝子　145
池上嘉彦　6, 9, 16, 39
池田廣司　127
池原　悟　39
池村奈代美　97
石井正彦　26, 86
石崎　等　40
石野博史　173
石原千秋　40
伊藤一重　97
犬飼　隆　39
井上ひさし　154
岩淵　匡　97

内田百閒　31, 36, 40, 145

NTTコミュニケーション科学
　研究所　33, 39, 79

大岩川嫩　40
大蔵虎政　115
大蔵虎明　115
大倉　浩　97
大塚光信　97
大坪喜子　165
大野　晋　66, 87, 97

索　引

奥津敬一郎　145, 173
苧阪直行　113

か　行

鏡見明克　39
影山太郎　26, 86
金水　敏　66, 67
樺島忠夫　6, 91, 97
亀井俊介　16
亀井　孝　6, 39, 173
柄谷行人　16, 40
川瀬一馬　79
川端康成　41, 152
河原修一　79, 113, 127
川本栄一　25
川本栄一郎　173

北原保雄　7, 97, 127
木下正俊　97
木下　守　39
キロワ・スベトラ　165
近世文学総索引編纂委員会　97
近代作家用語研究会　97, 154
金田一春彦　97, 113

國廣哲彌　6, 16, 112, 165
久野　暲　66
桑原幹夫　113
桑山俊彦　97

見坊豪紀　86

小池清治　16, 39, 54, 67, 155, 165, 173
香西秀信　155
河野六郎　6, 39, 173
小島俊夫　54
小島憲之　97
ことば探偵団　145
小林賢次　39, 54, 67, 265
小林俊子　79
小松睦子　145
小森陽一　16

近藤政美　97

さ　行

斎賀秀夫　25
サイデンスティッカー　41
斎藤倫明　25, 86
佐伯梅友　145
酒井恵美子　145
阪倉篤義　6, 25, 66
佐久間鼎　56, 66
迫田久美子　67
佐藤喜代治　54
佐藤信夫　154
志田延義　97
柴田　武　6
寿岳章子　39
ジョアン＝ロドリゲス　136
白石大二　165
進藤義治　97

須賀一好　86
鈴木孝夫　6, 54
鈴木英夫　54

清少納言　128
正保　勇　66
関　一雄　86

ソシュール　98, 112

た　行

高梨敏子　97
高橋太郎　6
滝沢貞夫　145
田窪行則　67
武部良明　86
太宰治　8
田島毓堂　7
田中章夫　9, 16, 26, 54
田中克彦　40
田中重太郎　145
玉村文郎　86
田守育啓　112

築島　裕　54
千野栄一　6, 39, 173
チャン・ティ・チュン・トアン　86

筒井康隆　39, 40, 44, 54
津藤千鶴子　97
鶴岡昭夫　97

出口　顯　40
寺村秀夫　86
照井寛子　127

土井忠生　145
東郷吉男　165
東野治之　97
時枝誠記　145
時枝誠記　54
徳川宗賢　7
利沢行夫　154

な　行

永井和子　145
長嶋善郎　86
中村　明　93, 97, 152, 154, 165
夏目漱石　13, 29, 36, 40, 44, 46, 65, 92
南場尚子　86

西尾寅弥　145, 165, 173
西下経一　145
21世紀研究会　40

野口武彦　54
野村雅昭　7, 25

は　行

芳賀　徹　16
橋本進吉　54
橋本萬太郎　145
林　巨樹　6
林　翠芳　86
林　大　6, 173

原子朗　79
春木仁孝　67
半澤幹一　155
半藤一利　40

樋口一葉　92
姫野昌子　86
平田篤胤　130

福永武彦　93
プラトン　112
文化庁　165

細川英雄　39, 54, 67, 97, 165
堀口和吉　66, 67

ま 行

前田富祺　6, 7, 79
町田　健　145
町田　康　164
松尾　聡　145
松本脩作　40
丸谷才一　93, 154

三上　章　66
三島由紀夫　80
耳野紀久代　97
宮沢賢治　68, 100
宮地敦子　16, 145
宮島達夫　6, 25, 79
宮島達雄　88, 97
宮地　裕　25, 165

村上昭子　127
村上春樹　146, 154
村木新次郎　7, 16, 165
紫式部　129

森　鷗外　65, 92
森岡健二　16
森田良行　6, 86, 127, 155, 165
森山卓郎　86

や 行

山口　翼　16
山口佳紀　7, 25
山口佳也　54, 67, 165
山田孝雄　54, 145
山梨正明　155
山本清隆　86

湯沢幸吉郎　54

吉澤義則　145
吉見孝夫　97

ら 行

ロドリゲス　136

わ 行

渡辺直己　155

【書 名】

あ 行

朝倉日本語講座4　語彙・意味　16, 25
天草版平家物語総索引　97

伊豆の踊子　41
一般言語学講義　98, 112
意味論　6, 9, 16, 39
意味論の方法　16
岩波講座　日本語9　語彙と意味　6, 25

江戸言葉の研究　54

大蔵虎明本狂言集・総索引　127
大蔵虎明本狂言集の研究・本文篇　127
オノマトペ　擬音・擬態語をたのしむ　112

か 行

薙露行　92
数え方の事典　145
からだことば辞典　165
雁　65
閑吟集総索引　97
贋作吾輩は猫である　31, 36, 40
感情表現辞典　93, 97
感性のことばを研究する　113
神字日文伝　130
慣用句の意味と用法　165

擬音語・擬態語辞典　113
基礎日本語辞典　6
狂言記の研究下　翻字篇索引篇　97
狂言之本　115
キリシタン版エソポのハブラス私注　97
きれぎれ　164
金田一博士古希記念言語・民族論叢　86

虞美人草　47, 92
クラテュロス　テアイテトス　112

ケーススタディ　日本語の語彙　7, 25, 155
ケーススタディ日本語の文章・談話　155
言語学大辞典6　6
言語学大辞典6　術語編　39, 173
源氏物語　87
源氏物語形容詞類語彙の研究　97
現代語彙の研究　173
現代語法新説　66
現代雑誌九十種の用語用字　第3分冊　86
現代日本語の表現と語法　66

索引

語彙研究の課題　7
語彙の研究と教育（下）　86
語彙論研究　79
後期江戸ことばの敬語の体系　54
講座現代国語学Ⅱ　ことばの体系　25, 173
講座現代国語学Ⅲ　ことばの変化　97
講座日本語1　39
講座日本語教育，第14分冊　86
講座日本語と日本語教育　4巻　日本語の文法・文体（上）　66
講座日本語と日本語教育6　日本語の語彙・意味　6
講座日本語と日本語教育6　日本語の語彙・意味（上）　26
講座日本語の語彙1　25, 79
講座日本語の語彙1　語彙原論　6
講座日本語の表現8　日本語のレトリック　154
行人　92
構造的意味論　16
古今集総索引　145
古今和歌集　145
国語科学講座Ⅳ　国語学　54
国語学研究事典　6, 25, 54, 145, 173
国語学研究法　7
国語学大辞典　6, 25, 145, 173
国語慣用句大辞典　265
国語語彙論　16, 26
国語複合動詞　86
語源・慣用語　165
語構成の研究　25
語誌Ⅲ　127
古典対照語い表　88, 97
ことばと身体　155
ことばの知識百科　155

さ 行

笹まくら　93
作家の詩神　113
三四郎　48, 92
三人称の発見まで　54

自家製文章読本　154
指示詞　67
知ってるようで知らない　ものの数え方　145
身心語彙の史的研究　16
シンポジウム日本語3　日本語の意味・語彙　6
新宮澤賢治語彙辞典　79
人名の世界地図　40

鈴木孝夫著作集1　54

醒睡笑静嘉堂文庫蔵　索引編　97
青年　65
接続詞・感動詞　127
戦略としての隠喩　154

漱石先生がやって来た　40
漱石をよむ　16
増訂　古辞書の研究　79
それから　92

た 行

対義語の性格　16
第三世界の姓名　40
たけくらべ　92
たけくらべ総索引　97
探求Ⅱ　40

近松門左衛門　97
中間言語研究—日本語学習者による指示詞コ・ソ・アの習得　67

徒然草　87

徒然草総索引　145

東京語—その成立と展開—　54
徳川時代言語の研究　54

な 行

夏目漱石　10・11　154
夏目漱石　テクストの深層　40
名前と人間　40
名前のアルケオロジー　40
奈良朝文法史　54

日本語学キーワード事典　6, 39, 145
日本語教育事典　86
日本国語大辞典2　97
日本語語彙大系1　意味体系　33, 39, 79
日本語講座4　日本語の語彙と表現　86
日本語探検　91, 97
日本古典文学大系　中世近世歌謡集　97
日本語動詞述語文の研究　86
日本語と日本語教育　25
日本語のイディオム　165
日本語の指示詞　66
日本語のシンタクスと意味Ⅱ　86
日本語の発想—語源・イディオム　165
日本語の複合動詞ハンドブック　86
日本語の文法を考える　66
日本語百科大事典　6, 173
日本語表現・文型事典　54, 67, 155, 165, 173
日本語ブルガリア語の慣用句ことわざ辞典　165
日本語文法セルフマスターシリーズ4　指示詞　67
日本語レトリックの体系　154
日本人の名前　39

日本大百科全書　12　145
日本大文典　136
日本のレトリック　154
日本文法　口語篇　54
日本文法研究　66
日本文法の話　66
日本文法論　145
人間失格　8

ノルウェイの森　146, 154

は　行

廃市　93
春と修羅　68, 100
般若心経　15

彼岸過迄　50, 66
百鬼園先生言行録　143, 145
比喩と理解　155
比喩表現辞典　154
比喩表現の理論と分類　152, 154
品詞別　日本文法講座2　名詞・代名詞　145

複合語の構造とシンタクス　86
複合動詞の構造と意味用法　86
文章読本　154
文法探究法　54

文法と語形成　26
文法と語構成　86

平安時代語新論　54
平安朝文法史　54
平家物語総索引　97
平家物語の語法　54

豊饒の海　80
坊っちゃん　44
本気で作家になりたければ漱石に学べ！　155

ま　行

舞姫　65, 92
枕草子　87, 128
万葉集　87

三上章小論集　66
道草　49
宮沢賢治―風を織る言葉―　79

室町時代言語の研究　54

明暗　13, 46, 66

森鷗外　三　154
門　49, 92

や　行

夢の木坂分岐点　39, 40

ら　行

羅生門　152

類語検索大辞典　日本語シソーラス　16
類聚名義抄　87

レトリック感覚　154
レトリック認識　154

ロートレック荘事件　44
ロドリゲス日本大文典　145
論集日本文学日本語　66
倫敦塔　66

わ　行

吾輩は猫である　29, 36, 40

欧　文

The Izu Dancer　41

—— MEMO ——

著者略歴

小池清治（こいけせいじ）
- 1941年　東京都に生まれる
- 1971年　東京教育大学大学院博士課程単位習得退学
- 1971年　フェリス女学院大学専任講師
- 1976年　宇都宮大学教育学部助教授
- 1993年　宇都宮大学教育学部教授
- 現　在　宇都宮大学国際学部教授

河原修一（かわはらしゅういち）
- 1949年　広島に生まれる
- 1986年　宇都宮大学大学院修士課程修了
- 1993年　島根県立島根女子短期大学助教授
- 現　在　島根県立島根女子短期大学教授

シリーズ〈日本語探究法〉4

語彙探究法

定価はカバーに表示

2005年3月25日　初版第1刷	
2008年10月25日　　第2刷	

著　者　小　池　清　治
　　　　河　原　修　一
発行者　朝　倉　邦　造
発行所　株式会社　朝　倉　書　店
　　　　東京都新宿区新小川町6-29
　　　　郵便番号　162-8707
　　　　電話　03(3260)0141
　　　　FAX　03(3260)0180
　　　　http://www.asakura.co.jp

〈検印省略〉

© 2005〈無断複写・転載を禁ず〉

教文堂・渡辺製本

ISBN 978-4-254-51504-6　C3381　　Printed in Japan

シリーズ〈日本語探究法〉

宇都宮大学 小池清治 編集
A5判 全10巻

基礎から卒業論文作成までをわかりやすく解説した国語学・日本語学の新しい教科書シリーズ。日本語に関する基礎および最新の知識を提供するとともに，その探究方法についての指針を具体的事例研究を通して提示した。

第1巻 **現代日本語探究法** 160頁
　　　宇都宮大学　小池清治　著

第2巻 **文 法 探 究 法** 168頁
　　　宇都宮大学　小池清治・赤羽根義章　著

第3巻 **音 声・音 韻 探 究 法** 176頁
　　　筑波大学　湯沢質幸・広島大学　松﨑　寛　著

第4巻 **語 彙 探 究 法** 192頁
　　　宇都宮大学　小池清治・島根県立島根女子短期大学　河原修一　著

第5巻 **文 字・表 記 探 究 法** 164頁
　　　愛知県立大学　犬飼　隆　著

第6巻 **文 体 探 究 法** 224頁
　　　宇都宮大学　小池清治・鈴木啓子・松井貴子　著

第7巻 **レ ト リ ッ ク 探 究 法** 168頁
　　　広島大学　柳澤浩哉・群馬大学　中村敦雄・宇都宮大学　香西秀信　著

第8巻 **日 本 語 史 探 究 法** 164頁
　　　東京都立大学　小林賢次・相模女子大学　梅林博人　著

第9巻 **方 言 探 究 法** 144頁
　　　前鳥取大学　森下喜一・岩手大学　大野眞男　著

第10巻 **日 本 語 教 育 探 究 法** 152頁
　　　山口大学　氏家洋子・恵泉女子大学　秋元美晴　著

価格・概要等は小社ホームページをご覧ください。